Pour Monika

Je vous souhaite une bonne lecture

Amicalement

St Cyr le 31.07.2019

Myriam COLLET & René CAPLAN

DE L'INFIDÉLITÉ AU PLACARD

POLAR

LESPRESSESDUMIDI

© Éditions les Presses du Midi
Impression Périclès

———

121 avenue d'Orient - 83100 Toulon
Tel. : 04 94 16 90 20 - Fax : 04 94 16 90 29
Dépôt légal : Février 2016
ISBN : 978-2-8127-0743-8

Préface

J'ai souvent réfléchi aux circonstances qui m'ont poussé à écrire. Si j'avais l'esprit philosophique, je pourrais prétendre m'interroger sur les réelles motivations qui poussent de jeunes gens à devenir policiers.

Quel regard portent-ils sur leur métier ?
Quel est leur rôle véritable dans notre société ?
Comment se sentent-ils considérés par le citoyen ?

En fait, j'étais simplement exaspéré de voir la caricature qui était faite du policier dans les feuilletons télévisés français. Le policier pas complètement idiot, mais tout juste bon à dresser des procès-verbaux aux contrevenants.

Je me suis donc lancé dans l'écriture de nouvelles policières, que j'ai intitulées « Les Nuiteux », dans lesquelles je donne une image de cette profession plus proche de la réalité. Et j'ai été édité !

Si l'on m'avait dit, au début de ma carrière de policier, qu'un jour je serais auteur et publié, j'aurais ri de cette idée !

Pourtant je pense pouvoir dire, sans me flatter, que mes écrits ont su conquérir mes lecteurs, avides de vérité sur ce qui se passe dans nos villes, une fois le soir tombé.

Mais surtout, je suis ravi d'avoir pu porter à la lumière les exploits de mes collègues. On ne m'a d'ailleurs jamais reproché d'exagérer le courage et la perspicacité de ces hommes de la nuit.

Alors, me direz-vous, pourquoi prendre la plume aujourd'hui pour écrire un roman ?

Avant de répondre à votre question, je tiens à préciser que cette histoire me fut inspirée par des événements vécus, même si vous le comprenez bien, les personnages et les dialogues sont utilisés fictivement.

Au cours de ma carrière, j'ai effectivement été témoin d'étranges séries de circonstances qui ont conduit un collègue derrière les barreaux.

Flic ou ripou ?

C'est ce que je vous invite à découvrir au fil de cette histoire.

Pour moi, la question ne s'est jamais posée.

Quant à vous, chers lecteurs, souhaitons que vous soyez mieux immunisés contre le scandale et la corruption que ne l'ont été mes personnages…

Chapitre 1

En sortant dans la cour du commissariat, René releva le col de son blouson. C'était une nuit froide. Mais il n'y avait là rien d'étonnant puisqu'on était en décembre, et même si c'était le Sud de la France, on était quand même en hiver. D'ailleurs c'était le 21 décembre 2012, s'en fit-il la remarque. Il eut un petit sourire en se disant que si l'on en croyait la prophétie des Mayas, ce soir devait être le dernier de l'ère de l'humanité.
Et pour lui la dernière prise de service.
Pourtant quel beau ciel rempli d'étoiles, contempla-t-il en allumant sa cigarette. Il exhala une bouffée avec un plaisir non dissimulé car ce serait sa dernière cigarette, non pas parce que dans quelques heures ce serait la fin du monde, mais seulement parce qu'il lui faudrait attendre sa prochaine pause. Loi oblige !
Il fut bientôt rejoint par d'autres collègues. D'autres fumeurs qui savaient qu'ils seraient privés de leur drogue préférée, pendant les deux prochaines heures, afin de ménager les voies respiratoires de leurs collègues non-fumeurs.

La cigarette finie, René rentra ses mains glacées dans ses poches et réintégra le bureau de la brigade de nuit. Cela tombait bien, on discutait autour du traditionnel café de 21 heures. Après, les appels se succéderaient et ils n'auraient plus le temps.
La pièce était meublée d'une grande armoire métallique où étaient rangés différents papiers administratifs. Un réfrigérateur. Une bibliothèque. D'autres armoires métalliques, plus petites, avec des portes en lattes de bois coulissantes mais elles étaient cassées. Donc elles ne fermaient plus. Il y avait aussi deux bureaux, supportant un ordinateur et son clavier. À l'origine, il y avait deux ordinateurs. Seulement, à cause du budget restreint de la police, on leur en avait supprimé un. D'ailleurs pour la même raison, on leur avait également enlevé un bureau mais heureusement, un fonctionnaire de la nuit avait apporté son bureau personnel
Philou était de service cette nuit et les conversations tournaient autour de sa retraite.
– Plus que quelques mois à tirer ?
– Au mois d'août c'est vacances à perpète !
– Tu vas pouvoir te consacrer à la musique ?
– Tout est déjà organisé avec mon groupe.
Il n'était pas mécontent de tirer sa révérence, surtout depuis l'arrivée d'une nouvelle hiérarchie un peu trop pointilleuse sur les règlements qu'elle tenait à faire appliquer à la lettre, et ce n'était pas au goût de tout le monde. Le ras-le-bol se lisait sur les visages désenchantés des nuiteux.
Les fonctionnaires de police étaient, il est vrai, de plus en plus contraints à des rôles de gratte-papiers, qui compliquaient considérablement leur tâche et surtout constituaient une surcharge de travail, jugés le plus souvent inutiles et qui ralentissaient les interventions sur le terrain.
En peu de mots : on les emmerdait !
La hiérarchie était sur leur dos sans arrêt pour un oui ou pour un non !

Et ça râlait dur ce soir. Notamment, quand ils abordèrent le cas de Stéphane.

Leur collègue venait d'être évincé de la nuit, pour des raisons trop arbitraires pour certains, mais justifiées pour d'autres.

– Il faut reconnaître que Stéphane a un esprit contestataire. Il ne peut pas s'empêcher de la ramener. Il a râlé quand on lui a imposé de passer dans certains lieux, suite à des doléances. Il a encore râlé pour se rendre sur les contrôles routiers. Il n'a pas voulu adopter la nouvelle consigne de patrouiller à deux par véhicule au lieu de trois, quand on est six fonctionnaires. Et il a enfoncé le clou en refusant de porter le gilet pare-balles. Après il s'étonne que la hiérarchie lui tombe dessus !

– Avouez que porter le gilet pare-balles toute une nuit, c'est douloureux pour le dos. On voit bien que ce ne sont pas les têtes pensantes qui les portent ! renchérit Vincent.

– Ceci dit, c'est une sécurité non négligeable. Il vaut mieux avoir des courbatures que de se retrouver au cimetière ! objecta un des policiers.

Vincent fit la moue.

– Si on veut parler de sécurité, O.K. ! Mais dans ce cas, pourquoi restreindre les patrouilles à deux par voiture au lieu de trois ? Et ce n'est pas tout ! Ils veulent que l'on porte les étuis réglementaires avec la sécurité, seulement ils sont trop imposants. Ils descendent trop bas et me donnent des douleurs à la hanche. Quand je sors du véhicule, il s'accroche au fauteuil. L'autre jour, avec Didier, on a surpris des roulottiers. J'ai voulu les interpeller mais je suis tombé. Je me suis relevé et je me suis mis à courir.

Cependant, je perdais trop de terrain, l'étui me freinait. Heureusement, les collègues de la BAC sont arrivés et en ont attrapé un !

– Au fait, quelqu'un a des nouvelles de Stéphane depuis qu'il est en brigade de jour ? demanda René.

– Oui, il va bien. Sa femme est contente. Avec ses nouveaux horaires, elle le voit plus souvent.
– Enfin, avec sa bonne humeur, il va nous manquer.
– C'est vrai, à sa façon de râler tout le temps, il nous faisait marrer. Et puis, ce n'était jamais méchant.
– Néanmoins, son comportement ne plaisait pas à la hiérarchie. Avec nous, il pouvait se permettre de se lâcher. On le connaît. On sait que c'est sa manière, à lui, de tout porter à la dérision.
– Précisément ! Comme tu dis, nous, on le connaît. Ce n'est pas le cas de nos supérieurs.
– Ouais, mais bon… ils auraient pu le mettre en garde. Un simple avertissement verbal aurait suffi. Alors qu'ils l'ont viré de la nuit, comme ça, sans même le convoquer au préalable et lui demander de changer son comportement. C'est principalement cette manière d'agir qui lui reste en travers de la gorge, compatit Philippe.
– Et toi, Philippe, tu vas le rejoindre ? Tu permutes avec Marc ?
– D'ici un mois, je serai au jour. Avec la naissance de ma fille, je préfère, pour les horaires !
– Il y a Christophe du matériel qui vient nous renforcer.
– Il est fort en informatique. C'est un bon point. Par contre, il n'a jamais travaillé sur le terrain. Il faudra tout lui apprendre ! grogna Grégory.
– Et toi, Vincent, tu as réussi les tests de la BAC ? C'est pour quand ton affectation à la BAC ? demanda René.
– J'espère en septembre !
René se servit un café. Justement, les « Bac-men » faisaient leur entrée.
Il y avait Christophe, Jérôme et Sébastien.
– Salut le groupe d'élite !
– Alors « Seb », c'est toi le chef ce soir ! Il va falloir que tu assures !

– T'inquiète ! Cette nuit, on va remplir les geôles !

****

René connaissait bien les « Bac-men », il en avait lui-même fait partie. Il n'y avait pas si longtemps d'ailleurs. À plus de cinquante ans, il ne se sentait plus assez jeune pour jouer les « gros bras » dans la rue. Il avait préféré rendosser l'uniforme et réintégrer la brigade de police secours, mais toujours la nuit. C'était une ambiance qui lui plaisait bien. Et puis, il avait partagé tellement d'interventions avec ses collègues, qu'il restait attaché à cet univers si particulier des nuiteux. Il les avait souvent vus dans des situations désespérées. Ce sont des souvenirs d'une telle intensité qu'ils vous prennent aux tripes et vous lient à cette profession. C'est quelque chose qu'on ne peut pas comprendre si on ne l'a pas vécu.Il y a même eu des soirs, où René avait cru leur dernière heure arrivée.

Mais j'ai déjà raconté tout cela dans mes nouvelles « les Nuiteux ». Pourtant, comment pourrais-je clore cette brève liste de faits divers sans évoquer les moments de désespoir ultime. Alors une fois encore, je me souviens…

L'impression de vide que j'ai éprouvée, quand je me suis retrouvé seul face au danger, seul recours pour sauver un collègue en difficulté.

C'est dans ces moments-là, qu'on sait pourquoi on a choisi de devenir policier. On ne fait pas ce métier-là par hasard. Il y a en nous ce je-ne-sais-quoi qui nous pousse à remettre les choses du bon côté de la loi. Ne me demandez pas pourquoi on a ce besoin, je serais bien embêté de vous répondre, car je n'en sais fichtrement rien. On le fait parce que c'est notre boulot, c'est tout. Mais surtout, on l'aime ce boulot ! Même si parfois on a vraiment envie de tout laisser tomber, parce qu'on se sent démuni face à toute cette misère. Surtout la nuit. On dirait que

lorsque les lumières s'éteignent, tous les démons se réveillent et « foutent le bordel » dans nos vies bien rangées. Et il faut y remettre de l'ordre, alors on est là !
Cependant, il ne faut pas attendre de reconnaissance. Ni des citoyens, victimes ou pas, ni surtout de la hiérarchie. Principalement lorsqu'elle réplique que nous n'avons fait que notre travail. Et même quand le mot « merci » est prononcé, ces marques de sympathie paraissent bien pâles pour les hommes de terrain, quand on les compare aux risques encourus.
Mais qu'importe ! Nous sommes motivés !
Là encore il ne faut pas nous demander pourquoi. Je pourrais plaisanter en vous disant : je suis flic mais je me soigne !

****

Une ombre vague passa dans les yeux du policier. C'était à chaque fois pareil quand il évoquait ses souvenirs.

René se remémora l'affaire de Jean-Pierre Lopez, son chef, lorsqu'il était à la BAC. C'était un homme posé qui arrivait en fin de carrière, mais dont la motivation était toujours intacte. Surtout pour les affaires de stupéfiants.

L'équipe était alors composée de :

Patrice.

À l'heure où j'écris ce roman, il est toujours en BAC. Il a passé plus de vingt ans dans cette unité. Un homme d'apparence austère. Surtout envers les jeunes. Cependant, d'une droiture et d'un professionnalisme exemplaires.

Sébastien.

À la fois un boute-en-train et un chien fou, qui veut agir sur chaque intervention que donne le chef de poste. Mais sérieux dans son travail et super-motivé.

Didier.

Un syndicaliste du terrain. Ce qui est assez rare. D'un caractère tempéré. Toutefois, il pouvait rentrer dans une vive colère si on lui tapait sur la tête.
Christophe.
Il s'était fait involontairement une réputation de policier dur à cuire, après avoir mis K.-O. un caïd de la cité.
Jérôme.
Un gars sympathique. Toujours à tenter d'apaiser les tensions entre collègues. Mais attention ! Il ne fallait pas lui chercher des noises ! Il pouvait alors se métamorphoser en véritable « HULK ». Certains délinquants s'y sont frottés… ils s'en souviennent encore.
Vincent.
C'était sa première affectation en BAC. D'une carrure impressionnante, il était la force tranquille de l'équipe.
Et enfin,
Moi ! René Caplan.

En ce temps-là, rien ne laissait présager ce qui allait s'ensuivre.
Mais tout a commencé par elle.
Pour elle.
Elle s'appelait Doria.

Chapitre 2

D'une main habile, elle glissa ses doigts sur son torse épilé, écarta sa chemise ouverte et descendit sur sa braguette. Elle sentit durcir le sexe dans la paume de sa main. Elle continua de le déshabiller, sans jamais lever la tête vers l'homme qui, elle le savait, ne cessait de la caresser des yeux. Il savourait chaque instant de son déshabillage minutieux. Méthodique. Histoire de faire monter le plaisir.
Et elle savait s'y prendre avec les hommes, Doria.
Tous les mêmes.
Ils croyaient que parce qu'ils banquaient, elle leur appartenait. Ils avaient payé pour une prestation et pour ça, elle était la meilleure. Mais s'ils pouvaient deviner les pensées qui assaillaient cette tête bien faite, ils en rougiraient. Il n'y avait pas de vice dans cette jeune fille, seulement de la misère qui la poussait à vendre parfois son corps pour boucler sa fin de mois.
Le vice était dans ce sexe, qui se dressait maintenant devant sa bouche et qui exigeait sa délivrance. Elle activa ses caresses, roula sa langue autour du membre turgescent en des mouvements de va-et-vient. Elle le sentit frémir.

Il ne lui était pas difficile de deviner la satisfaction de l'homme. Elle entendit son souffle s'accélérer. Enfin, le pénis cracha son sperme et l'homme poussa un petit cri. Un son guttural qui tenait plus du gargouillement que du soupir d'extase. Elle avala d'un coup et s'essuya la bouche du dos de sa main. Son travail était terminé.

Sans même lui prêter un sourire, elle se releva, s'habilla à la hâte tandis qu'il restait en toute béatitude, allongé nu, les jambes pendantes tel son sexe maintenant tout dégonflé et ridé. L'homme repu lui souriait, en saisissant son portefeuille posé sur la table de chevet. Il lui tendit les billets.

Récompense qu'il jugea bien méritée. Ce fut le dernier mépris qu'elle reçut de cet homme. Un inconnu qu'elle avait rencontré une heure plus tôt dans un bar. Elle sortit en claquant la porte de la petite chambre du motel et dévala l'escalier, comme pour digérer au plus vite cette semence pâteuse qui lui emplissait encore la gorge. Ce liquide qui avait le même goût salé que les larmes qui coulaient maintenant le long de ses joues.

D'une pudeur voilée, elle ravala son chagrin en chassant les images de son acte. Alors lui vinrent à l'esprit les paysages de son enfance. Des maisons blanches avec des toits en terrasses, où séchait le linge derrière lequel elle jouait à cache-cache avec ses sœurs.

Alger. Surnommée el Bahdja « la joyeuse ». El Mahroussa « la bien gardée » ou « la blanche », était la ville qui l'avait vue naître. Elle se revoyait dévaler la pente des ruelles de la casbah. Ce fascinant enchevêtrement de maisons basses, dans un délabrement criant. Poignant. Tout était silencieux, dans ce labyrinthe sans voiture.

Néanmoins, la casbah était aussi un espace regroupant plusieurs artisans comme les dinandiers, les menuisiers traditionnels, les bijoutiers, les boulangers…

Plus dynamique, Alger centre, dans le troisième arrondissement, avec sa rue Mourad Didouche qui s'étendait de la Grande Poste jusqu'au palais du Peuple, bordée de magasins et restaurants chics, offrant ses terrasses de café aux passants, ses allées ornées de palmiers.

Pourtant, à sa majorité elle avait décidé de quitter sa famille. Son pays. Sa vie. Et elle avait embarqué pour Marseille. Elle avait alors le rêve de devenir coiffeuse et d'ouvrir son salon. Au lieu de cela, elle avait galéré entre de petits boulots et les cours du soir. Mais cela n'avait pas suffi. Elle avait dû prendre un travail de nuit comme serveuse, qui très vite s'était transformé en un emploi d'entraîneuse car cela payait plus. Elle avait commencé à manquer ses cours et la fatigue s'intensifiant, elle avait cessé d'y aller.

Et maintenant ses rêves s'étaient envolés. Tout était compliqué. Elle était en situation irrégulière et ne voyait pas de solution à ses problèmes. Tout avait dégringolé si vite, qu'elle ne savait plus très bien où et comment cela avait commencé à merder.

Chapitre 3

Domicile du chef de la BAC de nuit.

Jean-Pierre avait posé sa nuit, car le lendemain c'était son anniversaire. Il s'était couché un peu plus tôt en espérant s'endormir rapidement, mais son horloge biologique réglée sur les horaires de nuit ne lui permit de trouver le sommeil qu'après trois heures du matin.

– Allez, debout papa ! Il faut que tu te lèves. Tu dois servir l'apéritif à tes gendres !

Delphine ouvrit les volets et la lumière crue de midi inonda la chambre. Son père plissa les paupières. Il avait besoin de quelques minutes pour faire surface. Il n'avait pas son quota de sommeil. L'aînée de ses trois filles était assise au bord du lit, elle lui souriait. Et pour être sûre qu'il ne retombe pas dans les bras de Morphée, elle commença à lui conter sa sortie de la veille avec ses amis. Elle ne lui lâcherait pas la grappe tant qu'il ne se lèverait pas. C'était toujours ainsi qu'elle le réveillait le dimanche matin. Elle entrait dans la pièce et ouvrait en grand les volets.

Elle aimait être la première à lui souhaiter une bonne journée, c'était le seul jour de la semaine où ils partageaient un petit moment rien qu'à eux. Père fille. Comme quand elle était petite et qu'elle venait se blottir dans le lit de ses parents, avant le petit déjeuner dominical. Une tradition en quelque sorte.

Jean-Pierre se tourna vers son réveil. Les gros caractères rouges affichaient 12:30. Il parvint à s'arracher des draps, et se rendit dans la salle de bain pour se doucher et s'habiller.

Toute la famille était réunie.

Sa femme et sa belle-mère s'affairaient en cuisine. Delphine et Mélanie mettaient le couvert. Stéphanie s'occupait de sa fille de dix-huit mois, qui jouait avec une guirlande.

C'était bientôt Noël. Ils avaient l'habitude de faire le sapin le dimanche de son anniversaire.

Jean-Pierre rejoignit ses enfants dans la salle à manger. Il flottait un délicieux parfum de pâtisserie. Le sapin, déjà installé dans son seau, avait une jolie forme et des aiguilles bien luisantes. Bientôt, il serait recouvert de toutes sortes de décorations aux teintes rouge et or. C'était la couleur choisie cette année par ses filles. Une guirlande de houx égayait le dessus de la cheminée, dans laquelle rougeoyait une bûche.

– Alors, on ne boit rien dans cette maison.

– On ne voulait pas commencer l'apéro sans vous.

– Ah ! C'est gentil de m'avoir attendu. Tiens, Léo ! Sers-moi un pastis !

Son gendre ouvrit le bar, sortit les verres et commença à servir son beau-père.

– Jérémy et Florent, qu'est-ce que vous prenez ?

– Deux tomates.

Léo remplit les verres de ses beaux-frères et se servit un whisky-coca. Les femmes les avaient rejoints.

Elles prirent du vin d'orange que la mamy avait apporté.

Bientôt, il fut temps de passer à table. La petite Élena était assise dans sa chaise haute et à l'aide de ses doigts, elle mettait dans sa cuiller de petits morceaux de concombre que sa mère avait au préalable découpés dans son assiette.

Le déjeuner se déroulait dans une ambiance de fête, subitement interrompu par la sonnerie du téléphone.

Jean-Pierre décrocha. C'était Pierrot, le brigadier-chef de police secours.

– Bon anniversaire ! Tu vas bien ?

– Oh ! Pierrot, ça fait plaisir de t'entendre ! Toujours en prolongation de blessure* ?

– Eh oui ! Mais l'année prochaine, je serai en retraite. Mais toi, j'ai appris que tu prolongeais d'un an ?

– Oui ! Je ne me sens pas prêt pour la retraite. De plus il y a une perte de salaire conséquente et je ne pourrai plus partir en vacances aussi souvent !

– Je te laisse en famille, je te rappelle en septembre pour que l'on se fasse un repas.

– C'est noté ! J'attends ton coup de fil et on met ça au point un soir où je ne travaille pas, bises !

Pendant le déjeuner, les conversations tournèrent autour de sa petite-fille. Puis, les hommes entamèrent le chapitre du sport. Justement son gendre Léo, comme à son habitude, commença à le charrier.

– Jean-Pierre, vous devriez arrêter le foot, vous êtes trop vieux pour ce sport !

– Fais pas trop le bouffon ! La dernière fois que tu es venu jouer avec moi, je t'ai observé. Ça se voit qu'il y a un an que tu n'as pas fait de sport car lorsque tu accélères on a l'impression de regarder la retransmission d'un match de foot à la télé mais au ralenti !

---

* Lire du même auteur : les Nuiteux V

– O.K. ! La prochaine fois que l'on joue ensemble, je ne vais pas vous louper !

La journée se poursuivit dans la bonne humeur. Après le café et le digestif, les hommes piquèrent un roupillon sur les canapés tandis que les filles décoraient le sapin.

Jusqu'à présent, Jean-Pierre avait toujours su préserver sa famille des sautes d'humeur que pouvaient engendrer les pressions subies au quotidien, dans notre métier.
La famille est notre refuge. Elle est notre équilibre.
C'est parmi les siens que l'on puise la force de continuer ce métier. Sans cela, c'est sûr, on finirait par craquer. L'important est de savoir faire le vide quand on quitte le commissariat. Mais c'est plus facile à dire qu'à faire. Souvent, quand la nuit a été difficile, on rumine durant la journée l'arrestation loupée ou l'affaire non résolue. Et là c'est le cercle infernal.
On se lève en pensant boulot.
On parle boulot en famille.
Et le soir, on rejoint le commissariat pour faire notre boulot.
Résultat, tout le monde en pâtit. À commencer par nous-mêmes. On est mal dans notre peau, et on finit par faire chier tout notre entourage. Collègues et famille comprise. Mais pour beaucoup, le métier colle à la peau.

Ce n'est pas l'uniforme qui fait le policier, mais son aptitude spéciale pour ce genre de profession.
Jean-Pierre devrait se sentir comblé. Une femme aimante, des enfants adorables et une jolie maison. Une vie bien rangée...
Mais peut-être un peu trop justement. La routine quoi !
Pourtant, un coup de folie...

Je croyais bien le connaître.
Mais peut-être me suis-je trompé sur sa personne ?
Cependant, je m'interroge encore sur ses réels sentiments.

Chapitre 4

Le lendemain, Jean-Pierre reprit le chemin du commissariat. En compagnie de René et Didier. Il monta dans le véhicule de la BAC et patrouilla dans la circonscription à la recherche de délinquants. Le calme régnait sur les ondes radio, à part plusieurs appels pour tapage nocturne, il n'y avait aucune mission pour eux.

Noël approchait. Les rues étaient toutes décorées de guirlandes lumineuses. Des Pères Noël escaladaient les balcons des immeubles. Des sapins étaient dressés sur les trottoirs de la rue piétonne, déserte à cette heure tardive. La ville s'habillait de lumière apportant magie et fantaisie à la nuit. Attention, toutefois, à ne pas se laisser bluffer par ce calme apparent.

Mais les nuiteux veillent…

Ils décidèrent donc de faire des contrôles de bars. Après avoir vérifié plusieurs établissements, ils constatèrent qu'ils étaient conformes à la législation sur les débits de boissons. Continuant leur inspection, ils arrivèrent au bar « des Amis ». En entrant, ils remarquèrent qu'il y avait trois clients, un au comptoir et deux autres assis autour d'une petite table ronde. Une jeune fille les servait.

Derrière le zinc, le patron. D'origine algérienne. La quarantaine. Un homme trapu aux yeux brun clair, enfoncés dans un visage rond et riant.

La serveuse était nouvelle.

« Un beau brin de fille ! » nota Jean-Pierre.

De grands yeux couleur miel au regard exotique, dans lequel on n'observait aucune once d'arrogance. De longs cheveux noirs. Des hanches minces que dessinait à la perfection une robe moulante et un sourire des plus ravissants. Elle semblait surgir d'un défilé de mode. Son charme était tel qu'il captiva le plus blasé des quinquagénaires. Avec calme et lenteur, comme si elle devinait son pouvoir de séduction sur le policier, elle déposa les verres sur la table. Puis, elle se retira, sans manquer d'osciller des hanches et un balancement du bassin qui faisait remuer son joli petit cul de droite à gauche.

Jean-Pierre avala sa salive. Quand elle passa près de lui, il dut se rendre à l'évidence. Elle lui faisait un effet bœuf. Et elle en jouait, la garce !

Doria commença sa mission séduction. Comme elle avait l'habitude de le faire chaque soir, quand elle sentait un client prêt à se laisser prendre à l'hameçon. Et celui-là était chaud comme la braise.

Elle n'était plus la jeune fille fragile et craintive qui avait débarqué à Marseille, un an plus tôt. Depuis, la vie n'avait pas été tendre avec elle. Personne ne lui avait tendu la main et elle avait dû vendre son corps pour bouffer. Alors elle n'avait pas froid aux yeux, la petite ! Comme la surnommaient tous ces vieux vicelards qui lui exprimaient leur compassion, tout en lui glissant un billet pour se faire sucer la bite !

Un jeu dangereux démarra entre elle et l'homme. Seulement, il ne s'agissait pas d'un client comme les autres.

C'était un policier, et en plus il était de la BAC. S'il lui prenait l'envie de la contrôler, elle serait bien ennuyée. Cependant, au même moment une idée germa dans cette jolie tête. Ce n'était pas très honnête mais ça pouvait marcher et alors... Elle verrait peut-être enfin la fin de ses problèmes.
La question était de savoir jusqu'où elle était prête à aller.
Jusqu'au bout ! Assurément.
Risquer le tout pour le tout !
Elle ne pouvait pas tomber plus bas, de toute façon.
Vraiment ?
Sa situation n'était pas bien brillante... mais elle était libre.
Et si on l'arrêtait...
Ou pire. Et si on l'expulsait...
Oh ! Et puis merde ! Elle aurait bien le temps de réfléchir à tout ça ! Dans l'immédiat, elle devait tenter sa chance. Peut-être une dernière carte à jouer. Et ce flic pourrait bien être celle-là !
Sa décision était prise. Elle le séduirait !

Le policier se ressaisit et son professionnalisme reprit le dessus. Il inspecta les lieux. Il remarqua quelques infractions au code des débits de boissons. Il n'y avait pas d'affichage sur la protection des mineurs et sur la licence du bar. Sur l'étagère, derrière le comptoir, le nombre de petites bouteilles non alcoolisées était inférieur à dix.
Jean-Pierre s'adressa au barman et lui demanda s'il était le gérant. Il lui répondit par l'affirmative.

– Vous avez les papiers du bar ainsi que le registre du personnel ?
– Non, chef ! Ils sont à la maison !
– Vous savez que vous devez les avoir ici ! Et la jeune fille, c'est qui ?

– Ma cousine. Elle s'appelle Doria Ben Hamida !
– Oui, je vois ! Vous pouvez lui dire de venir me voir ?

Mohamed fit signe à Doria de s'approcher. Jean-Pierre tenta de paraître le plus distant possible mais il était mal à l'aise. L'avait-elle deviné ?
Elle continuait à lui sourire.

– Asseyez-vous mademoiselle ! Vous vous appelez Doria Ben Hamida ?
– Oui, monsieur !
– Vous êtes française ?
– Non, je suis algérienne.
– Vous êtes en France depuis combien de temps ?
– Un an environ !
– Vous avez une carte de séjour ?

Doria mit un certain temps à répondre, ce qui fit penser à Jean-Pierre qu'elle n'était pas en règle. Cette idée eut pour effet de le rassurer.

La barmaid lut dans ses yeux sa satisfaction. Son expérience des hommes l'avait accoutumée à ce regard confiant, qu'ils affichaient tous, quand ils détenaient le pouvoir. Quand ils la dominaient. La possédaient avec leur argent sale. Et lui ne valait pas mieux que les autres.

« Qu'est-ce qu'il croyait ce con ? »

Elle n'était pas dupe. Il n'y avait pas de compassion à attendre de ce flic. Il cherchait seulement à la baiser et gratis encore !

Il avait deviné sa situation et maintenant il jouait de sa position. Il tenait les cartes et elle devrait se soumettre, une fois encore.

Elle rageait. Cependant, elle avait bien vu l'effet qu'elle lui faisait et elle se promit de le piéger.

Oui ! Elle coucherait avec lui puisque c'est ce qu'il voulait, mais au bout du compte elle le baiserait !

Elle le fixa dans les yeux, pour bien lui faire comprendre qu'elle avait saisi son petit jeu du chat et de la souris.

Et sans sourciller, elle lui mentit effrontément.

– Oui, mais je ne l'ai pas sur moi.

– Vraiment ?

Elle arrangea une mèche de cheveux qu'elle fit retomber sur ses épaules rondes. Puis, laissa glisser sa main à la façon d'une caresse sur sa poitrine. Le policier déglutit et elle savoura cet instant.

Sa réponse fut comme une invitation.

– Mes papiers sont chez moi !

« À quoi jouait-elle, cette gamine ? » s'interrogeait Jean-Pierre. Pourtant, il soupçonnait son petit manège. Seulement, bien qu'il s'en défendît, il succombait à son charme.

Il devait se méfier. Se reprendre.

Alors, il pensa à la phrase qui tue. Seul remède.

« Elle pourrait être ta fille ! »

Il se sentit vieux tout d'un coup et cela lui fit mal.

Et le piège se referma sur lui.

– Vous êtes en situation irrégulière, n'est-ce pas ? Et Mohamed n'est pas votre cousin ? Dites-moi la vérité, je peux vous aider !

« Et nous y voilà ! »

Doria ne put réprimer une moue dédaigneuse. Elle connaissait la rengaine. Combien d'autres avant lui, lui avaient fait le coup.

Elle rumina ses idées mornes dans sa tête.

« Arrête ce ton paternaliste avec moi ! Je te vois venir mon coco. Tu vas m'aider bien sûr... et que vas-tu exiger en échange ?

Comme les autres, tu penses avec ton pantalon ! Je crois finalement qu'on va bien s'amuser tous les deux. »

Elle prit une mine de coupable repentie.
– Vous avez raison ! Je ne sais pas comment faire pour régulariser ma situation !
– Très bien. Vous allez me donner votre identité complète et je vais voir ce que je peux faire ! Vous ne connaissez personne en France ?
– J'avais un fiancé à Marseille que j'étais venue rejoindre mais, après m'avoir hébergée pendant un mois, il m'a laissée tomber.
– Bon, je vais contacter les services compétents pour qu'ils vous obtiennent une carte de séjour !
Doria se répandit en remerciements.
Et le flic avait marché.
Décidément, c'était trop facile ! se réjouit-elle en son for intérieur.

Elle retourna à son travail, mais elle savait déjà qu'elle avait une touche avec ce policier. Elle avait vu son alliance, pourtant, elle n'aurait aucun scrupule à le fourvoyer. Son charme agissait déjà, de cela elle n'avait aucun doute. Elle avait lu son désir pour elle dans ses yeux.

Il était prêt à succomber, et quand il serait bien mûr à croquer, elle serait là pour le cueillir. Il serait sa proie. Elle avait tendu le filet et il était tombé dedans. Tant pis pour lui ! Il payerait pour tous les autres.
Maintenant, c'était elle qui mènerait le jeu. Cette idée l'amusa.

De son côté, Jean-Pierre essayait de ne rien laisser paraître des sentiments qui l'assaillaient à cet instant. Peine perdue. Il la regarda s'éloigner du comptoir et son désir pour elle grandit.

Ce sentiment inconnu l'étourdissait. Que lui arrivait-il ?

« Merde, reprends-toi ! »ne cessait-il de se réprimander intérieurement.

Cette passion subite vira en une colère à peine contenue, quand il s'adressa au patron.

– Alors, Mohamed ? On n'a pas été très honnête avec moi. Vous m'avez menti !

– Désolé chef ! Mais j'essayais de protéger Doria. Vous savez, c'est une gentille fille et travailleuse avec ça.

Mohamed avait su trouver les mots qu'il fallait. Jean-Pierre passa une main dans sa chevelure argentée et reprit à mi-voix.

– Bon, je passe l'éponge pour le moment. Mais mettez-vous à jour sur la réglementation de votre bar ! Quant à Doria, je m'en occupe.

Une petite lueur fit jour dans la tête de Mohamed.

« Encore un qui n'est pas insensible au charme de la petite ! »

Au même moment, la radio portative se mit à crépiter. René prit l'appel.

Chapitre 5

– TV BAC de TN. Rendez-vous dans la cité. On vient de voler une Clio de couleur blanche !
– Reçu de TV BAC !

Les policiers partirent précipitamment du débit de boissons et montèrent dans leur véhicule.
Jean-Pierre chassa de son esprit la jeune serveuse au regard exotique.
Il le fallait. Le boulot reprenait.
Et il devait être opérationnel. C'était ce type de comportement qui caractérisait le mieux les « Bac-men ». Quoi qu'il puisse se passer dans leur vie, ils avaient cette faculté d'occulter le côté privé pour se consacrer pleinement à leur mission quand elle se présentait.
Ce n'était pas des surhommes. Loin de là. Ils n'étaient pas surentraînés non plus.
Alors comment expliquer un tel charisme ?
Tout simplement parce qu'ils savaient que de leur professionnalisme dépendaient leur sécurité et celle de leurs collègues.

Voilà la raison pour laquelle, ce soir-là, l'image de Doria s'effaça naturellement de l'esprit de Jean-Pierre aussi rapidement qu'elle lui était apparue.

Tandis que le véhicule banalisé, dans lequel avaient embarqué les hommes de la BAC, roulait en direction de la cité, Jean-Pierre restait en contact avec le poste de police secours. D'ailleurs, pour eux les choses s'accéléraient.

– TN de PS1. La Clio vient de passer le rond-point du 8 mai. Elle se dirige vers le centre-ville ! annonça Pierre, le chef de bord de police secours.
– Reçu de TN. Vous avez entendu le message TV BAC ?
– Affirmatif. Nous coupons par la rue d'Alsace !
– TN de PS1. Nous sommes derrière le véhicule à une distance de sécurité car le conducteur de la Clio prend tous les risques. Il roule à vive allure sur le port !... On arrive quai Gabriel Péri !... Il prend à contresens le rond-point Toussaint Merle !...
– Nous prenons la rue Malesherbes pour essayer de le dépasser ! précisa Jean-Pierre.

Le chauffard devina-t-il les intentions du policier ? Il se mit à zigzaguer, empêchant ainsi au véhicule de police de lui barrer la route. Dans la voiture de police secours, Ludovic, le chauffeur, dut se rabattre et reprendre sa place de suiveur.

Ce constat fit sourire le voleur de la Clio. Il menait le jeu et les keufs ne le rattraperaient pas. Emporté par sa petite victoire, il continua d'accélérer. Cela faisait monter son adrénaline. C'était grisant. Il se sentait invincible.

Dans le rétroviseur, la voiture de police secours perdait de la distance.

Finalement, la course-poursuite allait cesser.

« Il avait gagné ! » se mit-il presque à regretter. Il était tellement convaincu de sa supériorité kilométrique qu'il ne vit pas arriver, droit devant lui, le rond-point du Port Marine.
Soudain, l'évidence lui cingla à la figure. Il allait trop vite. C'était l'accident assurément.
Mais il était trop tard pour réagir. Il freina et tenta de tourner à droite pour éviter un choc frontal. Donc la mort.
Son visage précédemment rieur vira au vert. Il leva le pied de l'accélérateur, et n'essaya même plus de contrôler la voiture. La peur au ventre, il ne pouvait qu'attendre le choc…
Plus que quelques secondes…
Instinctivement, il ferma les yeux tandis qu'il roulait vers son destin.

Les policiers, impuissants, ne purent qu'assister à l'inévitable. La Clio fit plusieurs tonneaux pour finir sur le toit. Pierre et Ludovic restèrent un moment sans voix. Ils se disaient que le conducteur devait être grièvement blessé. Visiblement embarrassés, ils étaient en proie à toutes sortes d'interrogations.
Qu'allait-il se passer maintenant ?
Si le jeune décédait, ils pourraient être tenus responsables de l'accident. On devinait sur leur visage la désillusion. Une fois encore, on parlerait de bavure. Pourtant, ils n'avaient fait que poursuivre un voleur de voiture.
N'était-ce pas leur boulot ?
Le conducteur avait choisi de ne pas obéir aux injonctions des forces de l'ordre de s'arrêter. Au contraire, il avait choisi d'accélérer, au mépris du danger et de la vie.

Au même moment, dans la Clio, le jeune ouvrit les yeux.
Il était vivant !
Il tâta son cou endolori et en conclut qu'il n'avait rien de cassé. Il massa ses muscles contusionnés du plat de sa main

et s'efforça de retrouver ses esprits. Son soulagement passager s'évanouit lorsqu'il aperçut dans le rétroviseur les policiers qui se dirigeaient vers lui.

« Merde, les keufs ! Ils n'ont pas perdu de temps, ces cons ! »
Il s'extirpa du véhicule en passant par la portière, ouverte par le choc. La vitre avait été cassée et des débris de verre jonchaient le sol. Il fit attention à ne pas se couper. Une fois debout, il se mit à cavaler en remontant la rue Maurice Blanc.
La surprise submergea la patrouille de police secours.

– Il a un ange gardien, cette crapule ! pesta Ludovic.

Finalement, il était soulagé. Le drame avait été évité. Pierre ne prit pas le temps d'analyser ses sentiments, il sortit du véhicule et tenta de le rattraper. Il maintint la distance dans un premier temps mais avec le gilet pare-balles, l'étui qui lui tapait sur la hanche et la cinquantaine passée, il perdait du terrain. Il ne fut pas mécontent de voir la BAC arriver à contresens, tentant de barrer la route au fuyard.

Didier descendit du véhicule banalisé et lui cria de s'arrêter, mais le jeune ne voulut rien entendre. Il avait retrouvé sa vitalité.

«Non, les keufs ne l'auraient pas ! Qu'ils aillent se faire foutre »

Le policier se planta devant lui.

Le jeune lui fonça dessus, et tenta de forcer le barrage en le bousculant d'un coup d'épaule. Bien mal lui en prit. Le « Bac-man » n'apprécia pas la manœuvre, il fit volte-face, tout en le rattrapant par le bras, et lui asséna un coup de poing au niveau de la bouche. René vit jaillir de sa mâchoire un morceau de dent.

Le jeune, étourdi par le coup, se laissa interpeller. Les policiers lui passèrent les menottes et l'emmenèrent au commissariat. Pierre et Ludovic restèrent sur place à attendre le garage de permanence, afin qu'il prenne en charge le véhicule volé.

Après qu'ils eurent placé le voleur en garde à vue et établi la procédure, la nuit se termina dans le calme pour les policiers de la nuit.

Chapitre 6

Jean-Pierre avait passé les fêtes de fin d'année en famille. Ces quelques jours de congé furent les bienvenus. Idéal pour prendre un peu de recul avec le boulot. Malheureusement, il lui fut impossible de trouver la tranquillité d'esprit.
Son unique pensée était Doria. À croire qu'elle l'avait envoûté.
Il s'en voulait de trahir ainsi sa femme. Mais c'était plus fort que lui, l'image de Doria, qui lui souriait en tortillant des fesses, lui revenait sans cesse en mémoire. Il essayait de se déculpabiliser en se disant qu'il avait promis de lui obtenir des papiers et qu'il tiendrait parole.
Ses préoccupations envers elle n'étaient-elles pas purement professionnelles ?
Sans blague ? !!!
Il devait arrêter de se raconter des histoires. Cette fille lui plaisait.
Oui, elle était belle.
Oui, elle avait vingt ans de moins que lui.
Et alors ? !

C'était justement cela qui l'excitait.
Il n'avait jamais trompé sa femme, et même il n'avait jusqu'ici jamais pensé à le faire. Il l'aimait et la question ne s'était jamais posée. Mais un soir, il y avait eu ce contrôle dans un bar et Doria lui était apparue.
Tout avait alors basculé.
Pourquoi maintenant et avec cette fille ?
Il n'en savait rien. Par contre sa cinquantaine bien acceptée jusqu'à présent le cinglait aujourd'hui au visage comme une gifle. Il avait l'impression tout d'un coup de passer à côté de sa vie. Il voulait encore se sentir jeune, se prouver qu'il plaisait encore aux femmes. Et cette fraîcheur, cette sensualité qu'affichait Doria étaient comme un nouveau souffle. Elle l'emportait vers des sentiments qu'il croyait enfouis depuis bien longtemps.
Trop longtemps !
Il ne pouvait plus revenir en arrière. Quelque chose en lui s'était réveillé. Oui bon, le démon de midi certainement, mais peu importe ! Il ne pouvait pas faire comme si rien ne s'était passé. Il était changé et Doria en était la cause.
Comment envisageait-il alors l'avenir ? Jusqu'où était-il prêt à aller pour assouvir cette passion qui le dévorait et qui, il le savait, ne le quitterait plus désormais ?
Sacrifierait-il son couple, sa famille pour Doria ?
Oui, assurément !
C'était dingue ce qui lui arrivait. En y réfléchissant, il savait pertinemment qu'il allait faire une connerie, mais curieusement cette constatation ne le ramenait pas à des sentiments plus raisonnables. C'était justement le côté raisonnable qui le faisait bondir du côté obscur. Il n'avait plus envie d'être le bon père de famille, avec une vie bien rangée.
Non ! Il voulait s'éclater avec cette fille, profiter tant qu'il en était encore temps. Et tant pis pour les conséquences !

Et puis, peut-être qu'une vraie relation amoureuse avec Doria pourrait marcher ?
Oui et la marmotte met le chocolat dans le papier d'alu !!!
Tu deviens vraiment con, mon pauvre Jean-Pierre.
C'était à peu près la même rengaine qu'il ressassait dans sa tête et à chaque fois, il en venait à la conclusion qu'il désirait cette fille et qu'il n'avait plus qu'une envie, s'envoyer en l'air avec elle.
Et après ?
Eh bien, demain était un autre jour…

****

En ce jour de janvier, comme à son habitude, Jean-Pierre se leva vers les 13 heures. Il prit son petit déjeuner dans la cuisine. Sa femme lui tenait compagnie. Elle avait fini son repas et buvait son café.
Ils étaient assis l'un en face de l'autre à la table ronde, trônant au centre de la pièce. La cuisine était de style rustique, à la décoration provençale. Peinture jaune sur les murs. Des rideaux fleuris dans les tons de bleu. Pour la première fois, Jean-Pierre reconnaissait que l'ensemble avait besoin d'être rafraîchi. Sa femme le tarabustait, depuis des mois, afin de le décider à entreprendre les travaux, mais à chaque fois il trouvait des excuses pour ne rien entreprendre.
Pas le temps. Trop de frais.
Curieusement, aujourd'hui, il constatait le côté vieillot de la cuisine. Largement années 1990. Toute la déco était à revoir. Et pas seulement dans la cuisine, toute la maison avait besoin d'être remise au goût du jour.
Bizarrement, il n'était qu'à moitié surpris de sa réaction. Tout, autour de lui, semblait désormais fade. Sombre. Démodé.
Et il n'était pas difficile de deviner qui était à l'origine de ce changement.

Doria.
Toujours elle.
Il posa son regard sur son épouse. Brune avec de jolis yeux bleus, encore bien faite. Mais au fil du temps, elle était devenue la mère de ses enfants. La sensualité féminine s'était effacée avec les maternités. Du moins c'était l'impression qu'il ressentait. La flamme avait disparu. Certes, il restait l'affection, la complicité, le foyer familial… Seulement le train-train s'était installé. Des habitudes qui tuent le couple.
Et le sexe ?
Tristement, il dut admettre le rituel du 23 heures, au coucher après le film. Et encore, les soirs où il n'était pas de service ! Un exercice hebdomadaire en quelque sorte. Histoire de se maintenir en forme.
Il eut une moue dédaigneuse. Plutôt un besoin. Un automatisme pour se vidanger le poireau ! C'était surtout affligeant.
Il soupira. Pourtant, au début de leur mariage, au pieu c'était le feu d'artifice ! Et puis, il y avait eu les grossesses, les pleurs des bébés qui faisaient leurs dents, la varicelle, les cauchemars… Enfin, les enfants avaient grandi, ils avaient cru pouvoir retrouver un peu d'intimité mais ce fut la période ado ! Alors s'était installée une sorte de pudeur : les débats devaient se dérouler dans le silence ! Son épouse acceptait l'acte sexuel à cette seule condition.
Pouvait-on dans ce cas-là parler de relations charnelles ?
Certainement pas.
Frustration. Il eut l'amer sentiment de constater que c'était ce qu'il avait ressenti pendant toutes ces années de vie commune.
Comment en étaient-ils arrivés là ?
Pourquoi avoir laissé le quotidien prendre le dessus.
Et l'amour dans tout ça ?
Il était toujours présent. Incontestablement, il aimait encore sa femme. Mais le désir s'était évanoui…

Marie eut un joli sourire pour lui.
Il se sentit honteux et contrit. Il pouvait encore sauver son couple.
L'amour rendait tout possible...
Allait-il enfin répondre aux exigences de son épouse et repeindre les murs ?
Finalement, non !
Il était prêt à changer. À réorganiser sa vie.
Mais avec Doria. Pour Doria.
Il ne voulait plus s'interroger. À quoi bon ? La thérapie de couple ne le tentait pas plus que cela.
Il revint à l'heure présente. À Doria.

– Je dois passer au commissariat cet après-midi. Je vais voir le patron pour lui parler d'une personne en situation irrégulière !
Le sourire de Marie chavira.
– Oh non ! On devait aller faire les soldes. Tu avais promis de m'accompagner. Tu exagères !
– Oui, je sais ! Mais là, c'est important ! Nous irons demain.
– Tu remets toujours tout au lendemain ! Seulement, les meilleures affaires partent dès les premiers jours. Y'en a marre que tu fasses passer ton travail avant la vie de famille !
– Mais non, c'est exceptionnel ! Grâce à cette personne, je pourrais avoir des renseignements sur les dealers de la cité.
– Je me fous des drogués de la cité ! Moi, ce que je veux c'est avoir mon mari avec moi !
– Je te promets, c'est la dernière fois !

Comme il était facile de lui mentir ! se fit-il la réflexion.
Si elle pouvait deviner ce que son mari avait en tête, elle aurait eu d'autres préoccupations que le simple fait d'aller faire les soldes sans lui.

Mais comment aurait-elle su ?

Comment se douter que l'homme, avec lequel elle partageait sa vie depuis presque trente ans, avait décidé de tout balayer pour un plan cul avec une jeunette !

Jean-Pierre avait déjà oublié les jérémiades de sa femme. Ses pensées allaient vers une autre, et c'était pour cette autre qu'il prit sa voiture et se rendit à son lieu de travail. Il rencontra le commissaire et lui exposa la situation de cette jeune fille. Sur son conseil, il alla voir Magali, la responsable du service des étrangers. Il lui fournit tous les renseignements sur l'identité de Doria.

Il sortit du commissariat et se rendit au bar « des Amis ».

Il avait tant attendu ce moment où il reverrait Doria, que maintenant il ressentait une petite appréhension à se retrouver devant elle.

Et si elle ne le reconnaissait pas. Si son sourire ne lui avait pas été destiné. Après tout, il ne s'était parlé que quelques minutes. Suffisamment en tout cas pour tout changer.

Doria avait été pour lui une révélation.

C'était tellement énorme ce qui lui arrivait, qu'il avait du mal à bien définir ses sentiments. Mais il était sûr d'une chose.

Plus rien ne serait jamais pareil.

Tout ce qu'il avait vécu avant sa rencontre avec Doria appartenait désormais au passé. Impossible de revenir en arrière. Il ne pourrait pas faire comme si elle n'existait pas. Doria lui avait ouvert une porte sur l'avenir. Il se sentait prêt à réaliser toutes sortes de projets, même les plus fous. Et bien sûr, Doria en était l'inspiratrice.

Repartir à zéro. Tout rebâtir.

Pourquoi pas ?

Si c'était avec elle. Pour elle.

Il réussit à stationner son véhicule dans la petite rue étroite qui menait au bar. Son cœur battait la chamade. Il serait bientôt fixé.

En entrant, il constata qu'il n'y avait que le gérant Mohamed. Il en éprouva une cuisante déception. Il se força malgré tout de paraître naturel.

– Bonjour Mohamed !

– Oh ! Bonjour chef ! Vous avez vu, j'ai affiché la licence ainsi que l'arrêté sur la protection des mineurs. Et là, regardez sur l'étagère ! Il y a les dix petites bouteilles non alcoolisées !

Jean-Pierre n'y accorda qu'un regard négligent.

– C'est parfait ! Doria ne travaille pas ?

– Non ! C'est son jour de repos !

Une ombre de désarroi passa sur son visage.

– Ah ? J'aurais voulu la voir pour parler de sa situation !

– Mais vous pourriez peut-être essayer de passer chez elle ? À cette heure-ci, vous avez de grandes chances de l'y trouver. Elle habite un peu plus haut au numéro 16…

– Je connais son adresse, merci ! Je vais voir si elle est là !

Les manières du gérant étaient courtoises. Sans obséquiosité.

Pourtant Jean-Pierre se ravisa.

Cherchait-il à donner le change ?

Il planta son regard dans celui de Mohamed.

– Au fait, je compte sur vous pour me donner des tuyaux. Si vous entendez quelque chose à propos des dealers de la cité, vous n'oubliez pas de m'en faire part ! On est bien d'accord ?

Il l'encouragea d'une inclinaison de tête.

– Bien sûr, chef !

Jean-Pierre sortit du bar et remonta la rue. Il s'arrêta au numéro 16. Il ouvrit la porte et se retrouva devant un escalier étroit en colimaçon. Les murs, à l'origine blancs, étaient d'un gris sale. Les boîtes aux lettres étaient cabossées et certaines portes ne fermaient plus. Il vit le nom de Doria sur l'une d'elles. En dessous, était noté deuxième étage. Il grimpa les escaliers en évitant de poser la main sur la rampe à la propreté douteuse.

Arrivé au deuxième palier, il tapa sur le battant supportant le nom de Doria.

Il attendit quelques secondes et la porte s'ouvrit.

Chapitre 7

Elle était là, devant lui, avec ses yeux couleur miel, qui lui souriait. Elle portait un tee-shirt blanc transparent qui laissait apparaître son soutien-gorge. Un 90D à vue d'œil ! Une jupe courte noire et les pieds nus.

Jean-Pierre dut faire un effort pour réprimer toutes ses émotions.

– Bonjour mademoiselle, vous allez bien ?
– Bonjour monsieur ! Oui on fait aller !
– Appelez-moi Jean-Pierre ! Je peux vous voir cinq minutes ? Je ne vous ennuierai pas longtemps !
– Bien sûr, entrez ! Vous êtes le bienvenu !

L'appartement était vétuste mais propre. D'un regard analytique, il balaya la pièce.

Un grand espace était aménagé en salon salle à manger avec un coin cuisine. Bien que l'ameublement fût épuré, la décoration n'en était pas moins de bon goût.

– Assoyez-vous ! proposa-t-elle en lui désignant un clic-clac couleur lin garni de coussins multicolores. Vous voulez boire quelque chose ?
– Je prendrai volontiers un café.
Il s'installa sur le canapé tandis qu'elle mettait une dosette dans la cafetière expresso.
– J'ai apporté votre dossier au service des étrangers. Cela fait un an que vous êtes en France. Pourquoi avez-vous quitté votre pays ?
– La vie est dure là-bas. Je suis issue d'une grande famille et mes parents ne pouvaient pas m'aider. Je n'avais pas de travail, et peu d'espoir d'avenir. Beaucoup de jeunes Algériens partent à l'étranger pour tenter leur chance, alors je me suis dit « pourquoi pas moi » ? J'ai fait des économies et dès que j'ai eu l'argent nécessaire pour payer le voyage, je suis partie.

Doria revint avec la tasse de café. Elle s'assit en face de lui, sur une chaise, et l'observa avec attention pendant qu'il buvait. Dans ses yeux, elle lut ses sens en émoi.
Visiblement embarrassé, il s'interrogeait sur sa présence ici, dans un appartement avec une fille qu'il connaissait à peine, mais qu'il désirait et qui manifestement le désirait tout autant. À un moment, il accrocha son regard.
Que cherchait-elle ? Qu'attendait-elle de lui ?
Il n'aurait pas dû venir. Tout ça allait mal finir. Tout d'un coup, il n'était plus très sûr de ses sentiments.
Devait-il partir ? Fuir cette envie qui lui tenaillait le bas-ventre ?
Le bon sens l'entraînait incontestablement vers la sortie.

– Il faut que je parte ! Je repasserai vous voir !
– Déjà ? Mais vous venez à peine d'arriver.
– Oui je sais, mais c'est mieux comme ça.

Il se leva et se dirigea d'un pas décidé vers la porte d'entrée. Il avait déjà la main sur la poignée lorsqu'elle l'attira contre elle et écrasa ses lèvres sur les siennes. Pour Jean-Pierre, ce fut comme une décharge électrique. Pourtant, il enleva ses bras qu'elle tenait serrés autour de son cou, sans hâte et d'un geste parfaitement naturel.
Elle voulut protester.
Il posa un doigt sur ses lèvres.

– Ne dis rien, on a tout le temps.

Se serait-elle trompée ?
Doria était perplexe. D'habitude, les hommes ne lui résistaient pas.
Il allait partir et la laisser choir. Elle devait agir. Ne pas lui laisser le temps de se ressaisir. S'il franchissait cette porte, elle n'aurait peut-être pas d'autres occasions de le piéger. Il retournerait auprès de sa femme et la culpabilité aidant, c'en serait fini de leur relation. Il n'y avait pas d'hésitation à avoir. Elle devait le retenir, là et maintenant.
Oui, mais comment ?
Si elle brusquait les choses, il risquait de se méfier. Une idée germa soudain dans sa jolie tête. Elle devait tenter le tout pour le tout. C'était énorme ce qu'elle allait lui balancer, mais ça pouvait marcher.

Elle posa sa main à plat contre son torse, le regarda droit dans les yeux, avec ce petit quelque chose trahissant un grand désarroi.

– Y a-t-il encore de la place pour l'amour dans ton cœur ?
Jean-Pierre s'attendait à beaucoup de choses mais certainement pas à cette question.

– Tu es vraiment une fille singulière ! Un peu mystérieuse, intérieurement très forte, néanmoins...
– Néanmoins brisée par la vie, lâcha-t-elle un sanglot dans la voix.

Cette fois, ce fut lui qui prit les devants. Il passa affectueusement les doigts sur toute la longueur de ses cheveux. Puis, il lui prit la main et la porta à ses lèvres. Ses bras se refermèrent bientôt sur elle et ses lèvres brûlantes de désir écrasèrent les siennes dans un baiser plein de fougue.
Eh bien voilà, on y était arrivé !
Doria reprenait confiance. Certes, il y allait doucement. Lentement.
Mais qu'importe ! Il cédait.
Il lui faisait une sorte de mise en condition rapprochée avec des baisers et du toucher.
« Bon, peut-être qu'après tout, ça le rassurait de prendre les initiatives. Laissons-le faire à son rythme, avant d'aller plus en profondeur, se dit-elle un brin amusée. Après, c'est moi qui prendrai les choses en main. »
En parlant de main, justement la sienne se faisait plus aventureuse.
Plus coquine.

« O.K., tu es prêt à jouer, mon coco ? Moi aussi, ça tombe bien. »
Et elle l'entraîna dans sa chambre. Elle le poussa sur le lit et commença à lui faire un strip-tease, mais avec pour règle de ne pas tout dévoiler d'un coup. Le tout était d'y mettre de la fantaisie. Doria connaissait les recettes suprêmes d'une bonne dégustation. Elle prenait la libido comme une carte des menus.
Une fois nue, elle se mit à le déshabiller. Lui, se laissait faire. Un peu déconcerté, certes. Mais cela avait l'air de lui

plaire. Il ne manquerait plus qu'il se plaigne ! Et c'est qu'elle y mettait du sien !

Ses vêtements glissèrent au sol et ils partirent à la découverte de leurs corps. Les lèvres de la femme ne cessaient de courir sur la peau de l'homme.

Puis, il la couvrit et ses gestes se firent plus rapides. Plus incontrôlés.

Subitement, Doria le repoussa sur le côté, coupant court à l'extase finale.

Il ne comprenait pas. Elle s'assit à côté de lui.

– Je veux plus que ça.
– Plus que ça ? balbutia-t-il encore tout étourdi de désir.
– Moi, je suis bien dans ma tête et dans mon corps. Et toi ?
– Mais de quoi tu parles ?
– Même quand tu fais l'amour, tu restes un flic !
– Quoi ? Qu'est-ce que tu racontes ?
– Scrupuleux, respectueux des règles... Tout ça c'est des foutaises ! Crois-moi, ce sont ces petits blocages qui nous compliquent la vie. Moi, j'ai envoyé tout ça promener, et maintenant je prends mon pied.
– Mais enfin qu'est-ce que tu veux ?
– Fais comme moi, libère-toi de ces embarras quotidiens. Oublie ta femme, enlace-moi et dévoile-toi !

Jean-Pierre ne répondit pas, il se contenta d'obéir à ses désirs.

Alors d'étreintes passionnées, en jeux de pouvoirs sexy et gourmands, il connut le plaisir ultime.

Avec Doria, il apprit à repousser les limites de la passion, et ensemble ils firent grimper la température jusqu'à l'insoutenable.

Mais si la passion est magique, les périls sont nombreux...

Chapitre 8

Il était dix-neuf heures quand il quitta l'appartement de Doria. Il faisait nuit et la chaussée était mouillée. Signe qu'il avait plu dans l'après-midi. Il ne s'était aperçu de rien. Et pour cause, à ce moment-là, il était dans les bras de Doria et ses pensées l'emportaient très loin, ou plutôt très haut.

Il eut froid tout d'un coup. Il remonta la fermeture Éclair de sa veste en cuir, et mit ses mains dans les poches. La mine sombre, les sourcils froncés, il marchait la tête basse, tâchant d'éviter les flaques d'eau dans lesquelles se reflétait la lumière des réverbères.

Il venait de faire l'amour avec Doria. Il n'en revenait pas. C'était arrivé si vite. Si fort. Comme un brasier qui l'avait consumé avec une intensité irrationnelle et ravageuse.

Il aurait dû se sentir comblé...

Pourtant, c'était tout le contraire.

Il ne pouvait s'empêcher de penser à sa femme. Un sentiment de culpabilité l'envahissait. Lui, qui quelques heures

auparavant, était prêt à tout quitter pour vivre une aventure avec Doria, regrettait maintenant sa trahison envers celle qui partageait sa vie depuis trente ans.
    La mère de ses enfants.
    Son épouse.
    Mais surtout il venait de comprendre qu'il l'aimait toujours. Elle était la femme de sa vie. Seulement voilà, Doria exerçait sur lui une fascination, une attirance qu'il avait du mal à dominer. En fait, si son cœur battait pour sa femme, dans son pantalon, il en était tout autrement. Dès que l'image de Doria s'imposait à son esprit, Popol entrait en érection.
    C'était comme ça, et il n'y pouvait rien.
    Comment allait-il gérer l'adultère ?
    Leur relation reposerait-elle sur un mensonge ?
    Forcément !
    Puisque dès ce soir, il allait devoir mentir à sa femme. Il pensait que ce serait facile de jouer le double jeu. Tant que Doria était restée un fantasme, cela lui avait paru simple. Maintenant qu'il avait franchi le pas, c'était différent.
    Aujourd'hui, il était coupable.

    À son retour, il espérait que sa femme lui ferait la gueule pour lui avoir fait faux bond pour les soldes. Au moins, il aurait l'impression de subir sa sentence. Mais là encore, rien ne se passa comme il l'avait imaginé. Son épouse l'accueillit bras ouverts, enthousiaste à lui montrer ses achats et justement, elle lui avait acheté un jean et des chaussures.
    Elle avait pensé à son mari, pendant que lui…
    Cette idée lui fit mal.
    Il se faisait l'effet d'être un salaud.
    Mais n'en était-il pas un ?
    Bien sûr que oui !

Chapitre 9

Le lendemain, Jean-Pierre retourna voir le gérant du bar « des Amis ». Sa femme avait rouspété, lui reprochant de ne pas tenir sa promesse. Il lui avait répondu qu'il était sur une affaire de stupéfiants et qu'il serait absent plusieurs après-midi. Il devait planquer dans la cité. La saute d'humeur de sa femme avait été comme un soulagement.

Ses remords et ses doutes, qui l'oppressaient hier encore, semblaient aujourd'hui s'être envolés. Il se sentait heureux. Finalement, il suivait le conseil de Doria :

Ne pas s'accrocher à tous ces détails qui pourrissaient la vie de son couple, et qui justifiaient de tromper sa femme. Après tout, il ne faisait de mal à personne. Même pas à sa femme, puisqu'elle ignorait sa liaison avec Doria. Tout allait donc pour le mieux.

Il fallait vraiment être de mauvaise foi pour se servir de ce prétexte, mais c'était ainsi, il n'avait pas trouvé mieux pour soulager le fardeau de sa culpabilité.

En entrant dans le bar, il demanda à Mohamed s'il avait pensé à apporter les pièces administratives afférentes à son débit de boissons. Ce dernier lui répondit par la négative. Sur un ton de reproche, Jean-Pierre le prévint qu'il passerait la semaine prochaine et qu'il devrait avoir ses papiers, sinon il se verrait dans l'obligation de dresser un procès-verbal.

Le gérant du bar, voulant amadouer le policier, lui donna le nom d'un jeune qui dealait dans la cité, devant le bâtiment A8.

– Il s'appelle Rachid. Doria le connaît bien. Quand elle est arrivée en France, elle l'a rencontré. Il lui a proposé de venir loger chez lui. Elle a accepté car elle ne savait pas où dormir. Ils se sont fréquentés pendant un mois, mais très vite leur liaison s'est dégradée. Il est devenu violent et il s'est mis à la frapper, exigeant qu'elle se prostitue pour lui. Elle a refusé et elle est partie. J'ai rencontré Doria quelques jours plus tard, et décidé de la prendre sous mon aile. Elle s'est alors confiée à moi. Elle m'a raconté son aventure avec Rachid, me décrivant son caractère brutal et me révélant que, tous les jours, il descendait en bas de son immeuble pour dealer.

– Bon, je vais vérifier ces informations. Si elles s'avèrent exactes, je vous laisserai un peu plus de temps pour vous mettre en règle !

Jean-Pierre prit congé de Mohamed.

****

Il avançait sans hâte dans la rue, comme s'il hésitait sur la direction à prendre et sans savoir comment, il se retrouva devant l'entrée de l'immeuble où était situé l'appartement de Doria. Il leva les yeux et lorsqu'il repéra la fenêtre de sa chambre, les images de leurs étreintes lui revinrent en mémoire. Il repoussa cette pensée et fit demi-tour, comme tiré d'une transe soudaine.

Il se dirigea vers sa voiture, garée en file le long du trottoir. Il devait partir. Fuir cet amour irraisonné.

Mais à nouveau de folles pensées l'assaillirent. Il n'essaya plus de contenir son désir, il revint sur ses pas, monta les escaliers quatre à quatre et frappa à la porte.

Il avait pris sa décision.

Il ferait d'elle sa maîtresse sans rien lui promettre.

Doria lui ouvrit. Elle était vêtue d'une nuisette bleu ciel transparente.

Affriolante.

– Entre ! Je suis heureuse que tu aies pris le temps de venir me voir !

Dès que la porte se referma sur lui, Doria lui sauta au cou et l'embrassa fougueusement. Elle le serrait tout contre elle. Il sentit la force de son désir dans ce baiser. Lui écartant les cheveux, il lui caressa le cou et la couvrit de baisers. Il laissa glisser ses mains le long de ses reins, enleva sa nuisette et découvrit son corps nu. Il la souleva et alla la déposer délicatement sur le lit. Ses lèvres parcoururent ses seins ronds et fermes puis, trouvèrent le chemin de son entrecuisse.

Ils firent l'amour une bonne partie de l'après-midi. Enfin repus, ils restèrent allongés sur le lit. Leurs corps emmêlés. Immobiles. Silencieux.

Une fois sorti de sa torpeur, Jean-Pierre lui déclara qu'il ne pouvait pas faire comme s'il était libre. Il était marié. Il avait des filles qui avaient presque son âge et il n'était pas question de divorce.

– Je ne te le demande pas.

– Ah ? J'avais pourtant cru comprendre que tu attendais de moi que je quitte ma femme.
Elle rit.
– Tu es mignon ! Mais tu es là et ça me suffit.

Il tourna vers elle un regard surpris.
Décidément, elle était déconcertante. La minute d'avant, elle lui susurrait de tout envoyer balader pour vivre leur amour, et maintenant elle affichait un air détaché. Désinvolte. C'était comme ça avec Doria, au moment où on pensait enfin la connaître, elle vous échappait.
Tout était alors à recommencer. L'apprivoiser. La découvrir.
Mais Jean-Pierre venait de comprendre que cette fille avait son jardin secret et qu'il n'y pénétrerait jamais. Peut-être au fond, était-ce ce qui l'attirait chez elle.
Il eut un sourire. Il laissa passer une minute avant de lui demander.

– J'ai vu Mohamed avant de venir, il m'a parlé d'un dealer du nom de Rachid, et il semblerait que tu l'aies bien connu.
– Oui, déglutit-elle.

Une ombre de désarroi passa sur son visage. Elle rejeta le drap du lit et se leva, sans même lui prêter un regard. Elle se dirigea nue, vers la salle de bain. Il entendit bientôt l'eau de la douche. Jean-Pierre comprit qu'il venait de toucher une corde sensible.
Que représentait ce Rachid pour Doria ? L'avait-elle aimé ? Et peut-être l'aimait-elle toujours ?
À cette pensée, une lueur belliqueuse brilla dans ses yeux. Tout d'un coup ce Rachid devenait sa principale préoccupation.

À l'évocation du nom de son ex, Doria s'était sentie prise de vertige.

Qu'est-ce qui avait pris à Mohamed de parler de Rachid à Jean-Pierre ! fulminait-elle. Elle avait eu toutes les peines du monde à s'en dépêtrer et voilà qu'en quelques mots il ressurgissait dans sa vie !

Pourquoi Jean-Pierre lui en parlait-il ? Qu'attendait-il d'elle ?

Elle releva le menton vers la douchette, et laissa pendant de longues minutes l'eau ruisseler sur son visage. Peu à peu elle reprenait la maîtrise de ses émotions.

Une main tira le rideau de la douche. Jean-Pierre se tenait devant elle. Il s'était rhabillé et la fixait d'un air inquisiteur. Elle comprit qu'elle ne pourrait échapper à un interrogatoire en règle. Son amant était redevenu le policier et il attendait des réponses.

Elle ne se déroberait pas.

Doria lui narra donc sa liaison avec Rachid, ne négligeant aucun détail, ce qui fit grimacer à plusieurs reprises Jean-Pierre. Peut-être même que Doria se vengeait de la sorte, en lui faisant une énumération complète et minutieuse de leur sulfureuse relation. Il passa par différentes attitudes, mi-jaloux, mi-peiné par ce qu'avait enduré la jeune femme. Mais les yeux bordés de larmes et les baisers de Doria finirent par obtenir toute sa clémence et sa pleine affection.

Une fois de plus, Doria avait bien mené son jeu de la séduction.

En la quittant, ses sentiments étaient compliqués. Un mélange de satisfaction pour avoir fait une fois de plus l'amour avec cette belle jeune fille et de culpabilité pour avoir trompé sa femme.

Il réprima une grimace d'embarras. Toujours les mêmes questions, les mêmes doutes.

Mais jamais confusion ne lui avait paru si douce, si exaltante...

Chapitre 10

Les jours suivants, Jean-Pierre avait organisé les planques. Il avait réussi à obtenir de la mairie qu'on lui prêtât un appartement dans la cité.

Lorsqu'il avait parlé de Rachid avec Doria, elle avait confirmé les révélations de Mohamed. Il lui avait alors tout naturellement proposé de collaborer à son arrestation. Elle avait eu un moment d'hésitation. La peur se lisait dans ses yeux. Certes, Rachid lui inspirait du mépris, mais l'idée de se retrouver face à lui la terrorisait.

Où cette affaire allait-elle l'entraîner ?

Elle avait couché avec le flic pour qu'il lui obtienne ses papiers, c'est tout ! Et elle était maintenant embringuée dans une affaire de stups où elle jouerait le rôle d'indic. Une situation inconfortable qu'elle n'avait pas prévue. Seulement Jean-Pierre la prenait au dépourvu. Si elle refusait, il pourrait s'interroger sur ses réels sentiments envers lui et elle perdrait son emprise sur lui.

Finalement, elle se retrouvait piégée et cela ne lui plaisait pas du tout. Les risques que Rachid se venge n'étaient pas à négliger.

Elle accepta malgré tout d'accompagner le policier dans sa mission.

En cette froide journée de janvier, Doria et Jean-Pierre se dirigèrent vers le bâtiment A6 de la cité. La couverture était parfaite. Un couple se faisait moins remarquer dans ces quartiers. Et ils n'eurent pas à se forcer pour jouer leur rôle.
Cité de la Berge, 15 000 habitants.
L'immeuble, qui les intéressait, était voué à la destruction. Le blanc des façades s'écaillait. Le bitume des trottoirs se fendillait. Des rideaux défraîchis pendaient aux fenêtres dont l'encadrement était incrusté de saletés.

Quand les portes de l'ascenseur s'ouvrirent, une forte odeur d'urine les prit à la gorge. Ils hésitèrent à entrer à l'intérieur de la cabine, mais à l'idée de grimper seize étages, ils optèrent bon gré mal gré pour cette atmosphère confinée. D'autant plus que le couloir était aussi délabré que le laissait présager l'ascenseur. Pendant leur ascension, ils prièrent pour que personne ne déclenche le bouton d'appel. Ils n'avaient pas envie de faire halte à des étages intermédiaires, ce qui aurait pour conséquence de prolonger leur calvaire dans cette cabine où l'odeur était si pestilentielle qu'elle faillit leur faire tourner la tête.

Enfin l'affichage lumineux, indiquant les numéros d'étages, se fixa sur le 16.

Ils étaient arrivés.

Sur le palier, une enfilade de portes. Ils constatèrent que deux entrées étaient murées et qu'une troisième était encore occupée, mais les habitants devaient quitter leur domicile, car la destruction de l'immeuble était prévue deux mois plus tard. Ils longèrent le corridor jusqu'au bout.

Jean-Pierre s'arrêta devant le battant du dernier logement et l'ouvrit avec les clés que lui avait prêtées la mairie.

À l'intérieur, l'appartement était vide. Il n'y avait plus aucun meuble. Ils s'approchèrent de la fenêtre de la pièce la plus grande, orientée au sud et qui devait faire office de salle de séjour. La vue donnait sur toute la cité, mais plus particulièrement sur le bâtiment A8.

– Parfait ! apprécia Jean-Pierre. Tu connais Rachid, alors dès que tu le vois tu me fais signe !

À l'aide de jumelles, ils surveillèrent à tour de rôle les allées et venues des jeunes qui passaient devant le bâtiment A8.
Les minutes passaient. Rien de particulier.
Jean-Pierre diminua la focale de ses jumelles, pour obtenir une vue plus large de la cité.
Il découvrit un parc de jeux où de jeunes enfants jouaient dans le tas de sable sous la surveillance de leur mère, installées sur des bancs. Des ados en sweaters à capuche fumaient leur clope, assis sur les marches du perron d'un vieux bâtiment à la limite de la démolition.
Soudain, Jean-Pierre sentit le corps de Doria se placer derrière lui. Une main glissa contre son bas-ventre, déboutonna son pantalon et se faufila à l'intérieur.
Elle le sentit frémir sous ses caresses et une onde de satisfaction l'envahit. Elle aimait quand il s'abandonnait totalement dans ses bras. Dans ces moments, il lui appartenait complètement. Il était à sa merci.
La main continuait son œuvre, son sexe durcissait rapidement. Il allait bientôt cracher sa satisfaction, et lui exprimer toute sa reconnaissance quand soudain, son corps tressauta.
Il lui retira la main de son pantalon, sans hâte et d'un geste parfaitement naturel. Le charme était rompu.
Que lui arrivait-il ?
Elle le regarda, la bouche pincée.
Avait-elle perdu la main ? Pourtant, il paraissait apprécier !

« Ma vieille, il ne te reste plus qu'à changer de métier, si tu ne sais plus faire bander un mec ! » s'interrogea-t-elle.
Il se fondit d'un sourire de connivence.
« Qu'est-ce que je dois comprendre ? »

– Regarde ! lui dit-il subitement. Il est habillé d'un survêtement bleu nuit avec des bandes rouges sur les bras. Je crois bien que c'est notre suspect.

Le boulot reprenait.
Elle réalisa enfin la raison de ce changement subit. Un type qu'elle reconnut comme Rachid avait rejoint la bande de jeunes assis sur les marches.

– Ah oui, je le vois !

Jean-Pierre sortit sa caméra personnelle de sa poche et se mit à filmer la scène.
Un jeune s'approcha de Rachid et lui tendit un billet de vingt euros. Il le prit et s'engouffra dans le hall d'entrée du bâtiment A8. Il réapparut cinq minutes plus tard et remit au jeune un objet brunâtre, que Jean-Pierre supposa être de la résine de cannabis.
Ce manège se répéta plusieurs fois dans l'après-midi.
Pendant toute la semaine, Jean-Pierre et Doria se rendirent dans cet appartement et filmèrent le trafic de stupéfiants.

Chapitre 11

Le 6 février, lorsqu'il prit son service de nuit, il fit son compte rendu à ses collègues. Il leur expliqua qu'il allait demander à la mairie de leur prêter un fourgon. Il le stationnerait devant le bâtiment A8 tandis qu'ils prendraient place à l'intérieur. De son côté, il surveillerait le trafic de l'appartement et donnerait le signal pour interpeller le vendeur et l'acheteur.

Le lendemain, les fonctionnaires de la BAC nuit prirent plus tôt leur service. Didier, vêtu comme un employé de mairie, alla chercher le fourgon. Ils collèrent sur les vitres arrières des journaux afin que l'on ne pût voir à l'intérieur, où justement les fonctionnaires René, Patrice, Sébastien, Christophe et Jérôme prirent position.

Comme convenu, Didier gara le fourgon juste devant le bâtiment A8. Il arrêta le moteur, descendit et ferma la porte à clé. Il entra dans un hall d'immeuble pour en ressortir de l'autre côté où l'attendait un véhicule banalisé de la police.

Cela faisait maintenant plus d'une heure que les « Bac-men » étaient en planque dans le fourgon.
Le moteur à l'arrêt, il n'y avait pas de chauffage. Leur blouson gardait encore le froid du vent de l'extérieur. Ils se gelaient.
Ils attendaient impatiemment le feu vert de Jean-Pierre. Ce dernier leur avait signalé que, depuis un quart d'heure, Rachid se trouvait devant le bâtiment où il devait avoir rendez-vous avec un client. Il fumait sa clope et tapait ses pieds glacés sur le sol.
Dix minutes plus tard, la radio portative, que tenait Sébastien, crépita.
Jean-Pierre leur décrivait la scène.
– Un jeune, de type européen, vêtu d'un survêtement bleu à bandes rouges et d'un bonnet noir, vient de lui remettre un billet... Il rentre dans l'immeuble et remonte l'escalier... Il arrive dans les coursives du deuxième étage... Il ouvre la porte de son appartement. Dès qu'il ressort, je vous donne le top pour l'interpeller.

Rachid réapparut quelques secondes plus tard, mais Jean-Pierre attendit qu'il commence à descendre les escaliers. Puis, il appuya sur le bouton du portatif et donna le signal.
– Go ! Go ! Go !

Alors que Christophe, le plus costaud mais le moins rapide, interpellait l'acheteur, les quatre autres « Bac-men » Sébastien, Jérôme, René et Patrice, surnommés « les lévriers », surgirent du fourgon, déboulèrent dans le hall et grimpèrent les escaliers quatre à quatre. Rachid n'eut pas le temps de réaliser ce qu'il lui arrivait. Il se retrouva au sol menotté, sans avoir pu dire ouf !

Avec l'arrivée des renforts, ils firent une perquisition au domicile du vendeur. Ils trouvèrent 250 grammes de résine de cannabis. La résine était coupée en forme de barrettes conditionnées dans des sachets en plastique.

On lui lut ses droits. À savoir qu'il avait la possibilité de consulter un médecin. Qu'un avocat pouvait venir le voir pour vérifier les conditions de détention. Que l'on pouvait aviser un membre de sa famille.
Ensuite, Rachid fut placé en garde à vue.
Il serait poursuivi pour trafic de stupéfiants.
Quant au client, il passa quelques heures dans les geôles du commissariat. Cependant après avoir été entendu, n'étant pas connu pour les mêmes faits, il fut relâché. Il ferait tout de même l'objet d'une procédure pénale.

Chapitre 12

Le lendemain, Jean-Pierre, avec ses heures supplémentaires, avait posé la nuit pour aller rendre visite à Doria. Après avoir fait l'amour, il lui parla de ses soupçons sur un trafic de stupéfiants qui se déroulerait au bar « des Couleurs »
– Nous allons organiser des planques mais il faut que tu t'y fasses engager comme serveuse !
– Comme tu y vas ! N'oublie pas qu'après l'arrestation de Rachid, ils risquent de se méfier. Tout le monde sait que je marchais avec lui avant, or comme par hasard, après un contrôle au bar « des Amis » où je travaille, une descente est organisée à la cité et Rachid est arrêté. Et maintenant, je quitte mon travail au bar « des Amis » pour me faire embaucher au bar « des Couleurs ». Cette affaire ne sent pas bon pour moi et Mohamed, mon patron, risque lui aussi des représailles. Non ! Trouve quelqu'un d'autre pour jouer l'indic. Aux Stups, ils ont sûrement des fliquettes pas mal roulées pour ce rôle.
– Pas aussi bien roulée que toi, mon amour ! lui susurra à l'oreille Jean-Pierre tout en l'enlaçant tendrement.

Déjà ses mains s'égaraient sous sa nuisette.
- Arrête ! lui lança-t-elle en le repoussant. Je ne plaisante pas. Je n'ai pas envie de me retrouver dans le caniveau défigurée ou pire ! À croire que tu ne sais pas ce qu'il risque de m'arriver, si on me soupçonne de collaborer avec les keufs. Ou alors tu t'en fiches ! Si c'est comme ça que tu m'aimes…

Elle se recroquevilla, les jambes repliées, les bras entourant ses genoux, la tête lovée dans ses cuisses. Bientôt, des larmes tombèrent sur les draps.

Pleurait-elle réellement ? Ou jouait-elle la comédie ?

Non, elle avait vraiment peur.

Ce fut du moins ce qu'en conclut Jean-Pierre, ému par son désespoir. Il lui en demandait trop. Pour une fois, il n'était plus l'amant mais le policier. Et il lui déplaisait d'agir ainsi. Comme il lui déplaisait de tromper sa femme. Pourtant, il continuerait sa liaison avec Doria et il monterait une planque contre le bar « des Couleurs », où il espérait bien qu'elle accepterait de travailler. En fait, il se jouait des deux femmes qu'il aimait.

Finalement, il était un beau salaud, prêt à tout pour obtenir ce qu'il voulait. Ou bien était-il tout simplement un homme. Avec ses désirs et ses faiblesses.

****

La relation qu'elle entretenait avec un policier avait bouleversé l'existence de Doria, qui d'entraîneuse était devenue indic. En effet, depuis le mois de mars, Doria avait pris un nouveau travail de serveuse au bar « des Couleurs », comme le lui avait suggéré Jean-Pierre. Il soupçonnait un trafic au sein de ce bar. Et effectivement les événements qui suivirent lui donnèrent raison.

Finalement, Doria sut trouver le courage et le sang-froid pour mener à bien sa mission. Elle fourrait son nez partout. Elle alla même jusqu'à mener une enquête parallèle à celle de la police.

Pourquoi choisit-elle d'agir ainsi ? Qu'est-ce qui la poussait à prendre tous ces risques ?

Hier encore, elle rechignait à accompagner Jean-Pierre en planque pour piéger Rachid et maintenant, elle prenait les devants. Mais peut-être cherchait-elle tout simplement à prendre son destin en main.

Impossible d'oublier son passé... et ses rêves de réussite.

Toutefois, elle savait qu'elle pouvait payer très cher le double jeu qu'elle s'apprêtait à mener.

****

Une fois de plus, Jean-Pierre avait posé sa nuit de repos pour retrouver Doria. Il lui était facile de mentir à sa femme sur son emploi du temps, quand il s'octroyait des moments avec sa maîtresse. Dans son métier, il accumulait tellement d'heures qu'il était difficile pour ses proches de vérifier le nombre de nuits de congés récupérées.

Jean-Pierre n'avait pas encore mis sur pied sa planque au bar « des Couleurs », mais il y travaillait. En attendant, les missions de la BAC s'enchaînaient pour les patrouilles de service.

Chapitre 13

Vincent avait intégré la BAC.
Comme tous les matins, Mékir se levait à trois heures. Avec sa voiture, il arpentait les rues de la ville s'arrêtant devant les kiosques à journaux et les librairies. Il descendait de son véhicule pour déposer les journaux en laissant tourner le moteur.
Il arriva dans le quartier du Mont des Oiseaux. Il stoppa devant un kiosque et répéta l'opération. Mais au moment où il se baissait pour déposer au sol un paquet de journaux, un individu s'engouffra dans son véhicule, enclencha la première et partit en accélérant brusquement.
Mékir resta sans voix. C'était arrivé si vite !
Il lui fallut quelques minutes pour réaliser qu'il venait d'être la victime d'un car-jacking.
Enfin, revenu de sa stupeur, il prit son téléphone et composa le 17.

– Allô ! Police ? On vient de me voler ma voiture. Une Peugeot 207 grise. Il a pris l'avenue Toussaint Merle en direction du centre-ville. Le voleur est de type nord-africain.

Il est vêtu d'un jean et d'une veste à capuche de couleur grise !

Finalement, Mékir avait repris ses esprits. Il avait su décrire son voleur avec précision.

Les collègues de Jean-Pierre avaient passé une nuit tranquille et s'apprêtaient à terminer leur vacation, lorsqu'ils entendirent la radio de bord crépiter.

– De TN à tous les véhicules, on vient de nous signaler le vol d'une Peugeot 207 de couleur grise. Les faits se sont passés avenue Esprit Armando. Le suspect circule avenue Toussaint Merle en direction du centre-ville !

Grégory, le chef de poste, redonna la description de l'auteur des faits.

– TN de TV BAC, nous sommes dans le centre-ville et nous venons d'apercevoir le véhicule en question qui circule à vive allure ! signala Sébastien.

Gyrophare et deux tons en fonction, les policiers en civil tentèrent de l'intercepter mais le chauffeur donnait des coups de volant pour essayer de percuter le véhicule de la BAC. Il accéléra, tourna à gauche pour prendre la rue Camille Pelletan et pénétra dans l'impasse Zunino. Voyant que la rue était sans issue, il stoppa la voiture et prit la fuite à pied vers le fond de l'impasse.

Alors que Christophe restait près des véhicules et demandait des renforts, Sébastien, Jérôme et René se lancèrent à sa poursuite.

Le fuyard pénétra dans un chantier en construction.

La progression était difficile. C'était la pénombre.

Le sol était encombré de palettes d'agglos, de bouts de ferraille, de planches et divers matériaux servant à la construction. Heureusement, les policiers étaient munis de puissantes lampes de poche.

Entre-temps, un équipage de police secours était arrivé sur le véhicule volé. Laurent releva Christophe. Ce dernier reprit son véhicule et contourna le chantier.

– Regardez ! Il est là-bas. Il se dirige vers le garage ! cria Jérôme.

Ils sprintèrent pour tenter de le rattraper.

Afin de leur échapper, l'individu grimpa sur un scooter en stationnement pour accéder au toit d'un garage. Il réussissait enfin à s'y hisser lorsque Jérôme sauta et s'accrocha à sa jambe qui pendait dans le vide.

– Descends de là ! lui ordonna-t-il.

Le fugitif refusa, agita énergiquement sa jambe pour l'obliger à la lâcher. Mais le policier tenait bon.

Comprenant qu'il n'arriverait pas ainsi à s'en dépêtrer, il arracha une tuile pour la lancer sur son assaillant. Heureusement, Jérôme réagit instantanément et tira d'un coup sec sur la jambe, déstabilisant son agresseur. Ce dernier lâcha la tuile qui s'écrasa sur le toit. Des éclats furent projetés sur les policiers. L'individu en profita pour décrocher une autre tuile et la leur jeter. Elle tomba sur le bras de Jérôme qui, sous le coup de la douleur, lâcha prise. La tuile termina sa course sur la tête de Sébastien.

– TN de TV BAC, l'individu s'enfuit en sautant de toit en toit. Il se trouve du côté de la rue Nicolas Chapuis ! annonça René à la radio portative.

Christophe, qui avait suivi la scène, se porta sur les lieux. Il aperçut le Nord-Africain, vêtu d'une veste à capuche grise, qui courait en direction du mur d'enceinte d'une propriété.

Apercevant le policier, le voleur tenta de remonter sur un toit mais le policier le saisit par les deux jambes. Une fois encore, le fugitif réussit à se libérer, en repoussant violemment le policier. D'un coup de pied, il lui écrasa le pouce.

Mourad, le contrevenant, réussit à prendre la fuite.

Par chance, les hommes de police secours avaient quadrillé le secteur. L'individu fut repéré sur l'avenue Esprit Armando. Il s'engagea en courant dans l'impasse Poudra. Christophe mit pied à terre et le poursuivit.

Après avoir sauté la clôture d'une habitation, le fuyard se réfugia au fond du jardin et se cacha sous un arbre. Christophe le repéra rapidement, l'attrapa et tenta de le maîtriser mais avec grand mal. Le suspect gesticulait énergiquement. De surcroît le policier avait les mains prises par la radio et une lampe de poche. Il fut content de voir arriver Mathieu de la BST (brigade spécialisée de terrain) qui l'aida à le menotter.

Mourad fut ramené au commissariat par l'équipage de la BAC. Lors du trajet, il insulta les policiers, donna un coup de pied dans le dos de René qui avait pris le volant et un coup de coude à Christophe, assis à côté de lui. René stoppa le véhicule. Christophe tenta de le calmer en l'enserrant pour l'immobiliser. De cette manière, il ne pourrait plus infliger des blessures ni aux policiers, ni à lui-même.

Toutefois, cette mise en sécurité du prévenu eut pour effet d'aggraver sa blessure au pouce.

Mourad fut placé en garde à vue. Il serait poursuivi pour vol de véhicule, outrage et violences à agents de l'autorité publique.

Mékir était content d'avoir retrouvé son véhicule. Il pouvait continuer sa tournée de livraison de journaux.

Mais pas pour longtemps…

Effectivement, une semaine plus tard, il fut interpellé par Patrice et Sébastien pour conduite en état d'ivresse. Mékir avait refusé d'obtempérer. Il avait tenté d'échapper aux forces de l'ordre en prenant des risques insensés. Mais il avait fini par être rejoint par les policiers de la BAC.

De plus, lors de son interpellation, il avait laissé tomber sur le plancher de son véhicule une bonbonne de cocaïne.

Lors de son interrogatoire, Mékir leur révéla être un client assidu du bar « des Couleurs ». C'était d'ailleurs là-bas qu'il retrouvait son contact qui le fournissait en drogue.

Un certain Damien qui circulait à bord d'une Renault Clio de couleur bleu nuit.

Cette information confortait Jean-Pierre dans l'utilité d'organiser en ce lieu des planques. De plus, il connaissait un Damien, familier des services de police pour des infractions à la législation des stupéfiants.

Une coïncidence ?

Jean-Pierre en doutait.

Pour lui, le contact de Mékir et le Damien, déjà connu des services de police, étaient une seule et même personne.

Il entra son nom au fichier « Canonge » et une photo apparut. Il la montra à Mékir. Ce dernier confirma qu'il s'agissait bien du fameux Damien.

Bingo ! Cette fois, il la tenait sa preuve !

Maintenant, il n'y avait plus à hésiter. Jean-Pierre avait eu raison de demander à Doria de se faire embaucher comme serveuse au bar « des Couleurs. » Tout se mettait en place. Doria ne rechignait plus. Et même elle jouait son rôle à merveille. Tout allait donc pour le mieux.

Jean-Pierre n'avait plus à se culpabiliser pour avoir embarqué sa maîtresse dans cette affaire.

Mais avait-il eu des remords à un moment ou un autre ?
Pas vraiment.

Quant à Mékir, sa collaboration avec les services de police lui valut l'indulgence du juge qui ferma les yeux sur la cocaïne retrouvée dans son véhicule, il n'écopa que d'un retrait de permis de conduire. Il dut continuer ses livraisons en compagnie de sa femme, qui conduisait sa voiture.

Chapitre 14

Depuis plusieurs nuits, confortés par les déclarations de Mékir, les hommes de la BAC étaient en planque sur le parking à étages du supermarché Auchan. Ils surveillaient les allées et venues des clients du bar « des Couleurs ». Ils avaient remarqué qu'un « indic » de leur commissariat fréquentait ce débit de boissons.

Après quelques minutes d'attente, une Audi noire de grosse cylindrée se gara devant le bar. Trois hommes en descendirent et pénétrèrent dans le débit de boissons.

– On va reprendre le véhicule. Il faut qu'on suive cette Audi ! décida Jean-Pierre.

Mais à peine arrivés à la sortie du parking, ils virent la voiture noire partir en trombe du bar. Ils tentèrent de la rattraper mais la perdirent dans la cité. Ils notèrent néanmoins les deux premières lettres de la plaque d'immatriculation.

René se dit qu'une fois au commissariat, il ferait une recherche complexe au SIV (service national d'informations sur les véhicules). Il pourrait ainsi savoir à qui appartenait ce véhicule.

Une fois encore, il râla de ne pas avoir un ordinateur de bord.

Bien sûr, certains véhicules de police ont des ordinateurs embarqués. La recherche est alors plus rapide mais il y a des tas d'inconvénients. Premièrement, lorsqu'on l'allume, la radio de bord ne fonctionne plus.
Eh oui ! Utiliser l'ordinateur ou la radio, il faut choisir ! On ne peut pas tout avoir.
Ensuite, faire des recherches avec un stylet dans un véhicule qui roule, ce n'est pas évident. Enfin, pour obtenir le réseau, c'est la croix et la bannière. Il est préférable de s'arrêter pour capter.
Au vu des problèmes que cela occasionnait, ils ont arrêté le projet.

Soudain la radio portative crépita.

– TN de PS2 ! Nous sommes derrière une Renault Scénic de couleur blanche qui circule sans éclairage. Elle refuse d'obtempérer. On se trouve dans la cité, on est avenue Jules Renard en direction de la médiathèque. Je vous passe l'immatriculation du véhicule AB23… annonça Steve.

– Reçu de TN ! Le véhicule est signalé volé.

– Reçu de PS1 ! On se trouve avenue Jean Moulin. On se rapproche ! répondit Ludovic.

Le véhicule fou tourna à droite puis, prit un virage à gauche en faisant crisser les pneus. Il se retrouva dans la rue Louis Pergaud.

Manu, le chauffeur de PS2, le suivait de près, tout en respectant une distance de sécurité.

Cent mètres plus loin, la chaussée était séparée par un terre-plein central.

Le conducteur du Scénic fut ralenti par une automobile qui se trouvait juste devant lui. Voyant la police se rapprocher, il décida de la doubler. Il s'engagea sur la voie à contresens de la circulation et accéléra mais il n'avait pas vu une autre voiture qui arrivait en face de lui. Malgré un freinage brutal, il ne put empêcher le choc frontal.

Alors que le chauffeur et le passager avant du véhicule volé s'enfuyaient, le passager arrière ne bougeait pas.

Steve mit pied à terre et les poursuivit.

Un attroupement commença à se former autour des deux véhicules accidentés. Dans l'autre voiture se trouvaient deux hommes barbus, vêtus de djellabas.

Les pompiers, arrivés sur les lieux, constatèrent que le chauffeur avait la clavicule cassée. Le jeune, resté dans le véhicule volé, tenta une sortie discrète mais il fut agressé par deux individus qui le frappèrent et lui prirent sa sacoche en l'invectivant :

– Tire-toi, tu as blessé nos frères !

Pendant ce temps-là, les deux fuyards s'étaient réfugiés dans une maison désaffectée.

Steve attendait devant le portail les renforts. Au nombre de trois, composés par l'équipage Ludovic, Michaël et Rudy.

À leur arrivée, Steve leur expliqua la situation et leur demanda de le suivre. Il fit signe à Rudy et Michaël de contourner la propriété, tandis que Ludovic et lui-même s'apprêtaient à sauter le portail.

À ce moment-là surgit un jeune. Manifestement, il cherchait du secours.

– Messieurs les policiers, je me suis fait frapper et mes agresseurs m'ont également volé ma sacoche. Ils sont là-bas. Il faut les arrêter.

– Nous n'avons pas le temps. Nous sommes à la recherche

de voleurs de voiture. Va au commissariat pour déposer plainte ! lui répondit Steve, ignorant bien sûr qu'il avait devant lui un des occupants du véhicule volé.

Et malgré l'insistance du jeune, Steve et Ludovic franchirent le portail. À peine avaient-ils fait quelques pas dans la propriété qu'ils entendirent des cris. Ils se retournèrent et virent le jeune se faire taper par plusieurs individus.
– On t'a dit de te casser ! hurla un des agresseurs.

Aussitôt, les policiers firent demi-tour et enjambèrent le portail mais les agresseurs avaient pris la fuite. Steve attrapa le jeune et le secoua lui expliquant qu'il devait partir et se rendre au commissariat pour y déposer plainte.

Avec l'arrivée de Mathieu de la BST, les policiers inspectèrent la propriété où ils avaient vu disparaître les voleurs. Le terrain était en friche, la végétation avait tout envahi. Ils distinguèrent au fond du jardin un orifice qui semblait être l'accès à une cave. Mathieu descendit et trouva un des voleurs, tapi au fond. Ils le menottèrent et le placèrent dans le véhicule de Manu.

Les policiers retournèrent sur le lieu de l'accident. Les pompiers avaient conduit le blessé à l'hôpital. Ludovic donna les directives pour faire enlever les véhicules accidentés par le garage de permanence.

Jean-Pierre, Christophe, Sébastien et René avaient décidé de laisser tomber leur planque sur le parking d'Auchan pour venir prêter main-forte à leurs collègues. Quand Steve les vit arriver, il leur relata les faits en leur disant qu'il était persuadé qu'il y avait encore du monde dans la propriété abandonnée. Les hommes de la BAC décidèrent donc d'aller y jeter un œil. Sébastien et René sautèrent le portail et se mirent à fouiller minutieusement les lieux.

Sébastien décida de redescendre au même endroit.
– René, viens voir ! Il y en a un deuxième !
– Arrête tes bêtises, c'est là que les collègues ont trouvé le premier !
– Allez, sors de là, dépêche-toi ! cria Sébastien.
– Ça suffit ! dit René, tu me fais marcher !

Mais l'instant d'après, il fut surpris de voir effectivement apparaître un personnage sorti tout droit d'un film d'horreur. On aurait dit un zombie. Un visage blanchâtre couvert de sang, des cheveux filandreux et des vêtements sales et déchirés. Il avait du mal à marcher et il avançait le torse penché en avant. Christophe appela les pompiers.

L'individu fut conduit à l'hôpital, escorté par la BAC. Lorsqu'ils arrivèrent aux urgences, ils furent intrigués par un jeune. Ils décidèrent de le questionner.

– Tu t'appelles comment ?
– Angelo. Des jeunes dans la cité m'ont agressé et volé ma sacoche !
– Tu viens d'où ?
– De Marseille !
– Tu faisais quoi dans la cité ? Et tes amis, ils sont où ?

– Heu… je sais pas. Je vous l'ai dit, j'ai été frappé et on m'a volé ma sacoche ! J'ai vu un policier et il m'a repoussé en me disant d'aller déposer plainte au commissariat !
– Oui d'accord. Tu vas te faire soigner et puis, tu viendras avec nous ! Tu retrouveras ainsi tes deux compagnons marseillais.

Les trois délinquants furent placés en garde à vue.

Chapitre 15

Jean-Pierre était derrière son bureau, il tapait la procédure d'interpellation lorsque son portable sonna. C'était Doria.
Il se leva et s'isola dans la cour du commissariat avant de décrocher.

– Doria ? Qu'est-ce qu'il t'arrive ?
– J'ai une mauvaise nouvelle. Je suis enceinte !
– Quoi ? Tu es enceinte mais de qui ?
– Comment ça de qui ? Mais de toi bien sûr !
– Je ne sais pas… enfin, comment savoir si tu m'es fidèle ?
– J'ai arrêté de faire des passes depuis que je suis avec toi !
– Et tu comptes faire quoi ?
– Rassure-toi je ne te demande pas de reconnaissance en paternité ! De toute façon je ne veux pas le garder, mais il me faut au moins huit cents euros pour payer l'avortement !
– Ton patron ne peut pas t'aider ?
– Non, il ne veut pas ! De toute manière, ce n'est pas son problème.
– Mais tu m'as dit que tu prenais la pilule.

– Il m'arrive d'oublier de la prendre. Et puis merde ! T'avais qu'à te protéger. La capote, ce n'est pas fait pour les chiens !
– Oh ! Ça va ! T'énerve pas, je vais voir ce que je peux faire. Mais là ce n'est pas le bon moment, je suis au commissariat.
– Tu aurais préféré que j'appelle chez ta femme ?
– Ne joue pas à ça avec moi, j'ai été clair à ce sujet.
– Mais oui, tu me baises pendant tes heures de récup, et tu rentres sagement au bercail jouer le bon père de famille.
– Je ne t'ai rien promis.
– Et jusqu'ici je ne t'ai jamais rien demandé ! Au contraire de toi qui te sers de moi comme indic... Alors maintenant rends-moi la monnaie de ma pièce. J'ai besoin de ce fric, Jean-Pierre. Et après, si c'est ce que tu veux, on en restera là.
– Je tâcherai de passer demain chez toi.
– C'est ça à demain. Et n'oublie pas l'argent.
Jean-Pierre soupira.
– Pour l'argent, il me faudra un peu de temps. Je ne peux pas sortir comme ça huit cents euros de mon compte sans éveiller les soupçons de ma femme. Ce n'est pas une petite somme.
– Débrouille-toi comme tu veux mais il me faut cet argent.
– Tu l'auras !

Jean-Pierre raccrocha très contrarié. Il ne s'attendait pas à se retrouver dans une telle situation. Il avait vraiment agi comme un con dans cette relation. Il était tombé dans les bras de Doria, sans se préoccuper des conséquences.

Et il était maintenant dans la merde ! Mais il l'avait bien cherché.

Où allait-il dénicher huit cents euros ?

Sur son compte courant, il savait qu'il ne disposait pas d'une telle somme. Sa femme ne travaillait pas et les fins de mois étaient difficiles à boucler.

Quant aux économies ?

Son livret d'épargne n'était guère plus approvisionné. Le peu d'argent que le couple arrivait à mettre de côté était vite dépensé en travaux pour la maison, cadeaux pour les fêtes de fin d'année et parfois pour des vacances.

Comment allait-il se sortir de ce pétrin ?

Il commençait à réaliser l'ampleur de ses problèmes.

Au désarroi, succéda la colère.

Doria aurait pu faire attention ! Mais lui, pourquoi ne s'était-il pas protégé ? En plus avec une pute ! Parce que c'était ce qu'elle était après tout !

Il n'avait même pas pensé au risque d'être contaminé par le sida.

« Tu es vraiment con mon pauvre Jean-Pierre ! Tu voulais jouer aux jeunes, mais eux au moins ils sortent couverts ! »

Bientôt, une autre idée fit jour dans son esprit.

Et si Doria l'avait fait exprès.

Pourquoi ?

Pour le piéger !

Dans quelle intention ?

Afin qu'il l'épouse.

Il l'avait prévenue qu'il ne serait pas question de divorce, et elle lui avait répondu qu'elle ne le lui demandait pas.

Alors quel serait son but ?

Il avait beau s'en défendre, il sentait bien qu'il s'était fait avoir par cette fille.

Son inquiétude monta d'un cran.

Combien de temps encore pourrait-il cacher la situation à sa femme ?

Il conclut en choisissant de ménager Doria. Premièrement, cela lui permettrait de la faire patienter. Le temps nécessaire pour rassembler la somme. Surtout ne pas la mettre en colère. Elle pourrait se venger en appelant sa femme et tout lui révéler sur sa relation extraconjugale. Il devait jouer serré dans cette partie contre sa maîtresse.

Maintenant, il avait la conviction d'être tombé dans un traquenard avec cette fille. Il aurait dû s'en douter. Cela avait été trop facile de la séduire. Ils avaient tout de suite, à leur première rencontre, fait l'amour et elle ne lui avait pas demandé d'argent.

Il n'avait rien vu venir.

Il n'avait surtout rien voulu voir !

Il aurait dû se méfier. Se raisonner.

Mais tu parles ! Face à cette belle jeune fille, il avait succombé comme un jeunot !

« Tu es vraiment trop con » se répétait-il.

Chapitre 16

La nuit suivante, René, Vincent et Sébastien se rendirent au central pour une séance de tir. Il était obligatoire pour tout policier d'y aller au moins trois fois dans l'année.

Les séances de tir se déroulaient une fois par semaine et encore... l'été, il n'y en avait pas.

Ce n'était pas évident de s'entraîner au tir, car entre les missions de police secours, les jours où le fonctionnaire de police était chef de poste ou alors en repos, il ne lui restait guère de disponibilité pour y aller.

Pour les « Bac-men », c'était différent. N'ayant pas toutes ces contraintes, ils y participaient plus régulièrement.

En arrivant devant le portail électrique du parking souterrain du commissariat, René descendit du véhicule et alla sonner à l'interphone. Quelques secondes plus tard, le portail se souleva. Ils entrèrent et roulèrent jusqu'au troisième sous-sol où se trouvait le stand de tir. En garant le véhicule, ils remarquèrent une Audi noire.

— René, t'as vu l'Audi !
— Tiens ! Tiens ! Se pourrait-il que ce soit la même qui nous a faussé compagnie devant le bar « des Couleurs » ? Allons voir ça de plus près.
— En tout cas elle est de la même couleur. Voyons l'immatriculation.
René sortit son calepin.
— Il n'y a plus de doute, les deux premières lettres de son immatriculation sont identiques. Ce ne peut être une coïncidence.
— Je suis curieux de connaître le propriétaire.
— Dommage, je n'ai pas eu le temps de la passer au fichier. Mais à notre retour au commissariat, je m'y attelle. Je veux en avoir le cœur net.
— On n'a qu'à demander au central à qui est l'Audi garée sur le parking.
— Tu penses qu'elle appartient à quelqu'un de la maison ?
— Forcément ! À part des policiers, qui vois-tu d'autres ici ?
— Ce n'est pas faux !

René, Vincent et Sébastien venaient d'arriver devant la porte insonorisée du stand. Il fallait faire de la musculation pour l'ouvrir tellement la pression était forte. Ils entrèrent dans une salle de vingt mètres carrés environ, où un équipage de police secours attendait son tour pour tirer. À droite, était installé le bureau du moniteur et juste derrière, un local avec un bac à sable pour neutraliser les armes et tout le matériel pour les nettoyer. À gauche, une paroi vitrée avec une porte qui séparait la salle du stand. L'espace de tir avait une longueur de vingt mètres et comportait trois cibles.

Sébastien se dirigeait maintenant vers les collègues pour les saluer. René le retint.
– Seb ! Ne parle pas de l'Audi.
– Pourquoi ?
– Réfléchis ! Si la voiture est de la maison, cela veut dire que nous ne sommes pas les seuls sur l'affaire. Il vaut mieux en parler d'abord à Jean-Pierre.
– Tu veux dire qu'on marche sur nos plates-bandes ?
– Je ne sais pas ou alors l'inverse mais il y a quelque chose qui cloche.
– Oh, René ! Tu ne crois tout de même pas que des collègues à nous trempent dans une sale affaire ?
– Non, mais ça ne sent pas bon. Jean-Pierre a eu des infos et à partir de ces infos, il a mis en place les planques.
– Mais peut-être que les Stups ont eux aussi des raisons de surveiller le bar « des Couleurs », suggéra Vincent.
– Oui mais dans ce cas, pourquoi laisser Jean-Pierre organiser des planques devant ce bar ? Si les Stups sont déjà sur l'affaire, la BAC n'a plus à s'en mêler.
– N'oublie pas que Jean-Pierre a pris seul l'initiative des planques, rappela Sébastien.
– Tu insinuerais que les Stups ne seraient pas au courant que la BAC fait elle aussi des planques au bar « des Couleurs » ? releva Vincent.
– S'il s'agit des Stups ! répliqua René. Pour l'instant, on ne sait toujours pas à qui appartient l'Audi.
– Tu en déduis quoi ?
– Il est trop tôt pour en tirer des conclusions, mais ça ne me plaît pas.
– Tu penses à des ripoux ?
– Non je ne crois pas ! Il y a plusieurs choses que je ne m'explique pas. Vous ne trouvez pas que Jean-Pierre semble contrarié en ce moment ? Je le trouve bizarre.
– Non, pas particulièrement.

Mais peut-être que justement il soupçonne des membres des Stups de vouloir lui piquer l'affaire.
– Oui peut-être, répondit sans conviction René.

Ils n'eurent pas l'occasion de s'interroger plus longtemps car déjà l'équipage de police secours avait terminé ses tirs et ouvrait la porte vitrée.
Christian, le moniteur, se porta à leur rencontre.

– Bonsoir les gars ! Ce soir, on va faire un parcours sportif. Ici vous voyez, vous avez trois abris. Un à quinze mètres, représentant une barrière où vous aurez une position accroupie. Le deuxième à dix mètres, représentant un arbre. Là, vous serez debout. La dernière à cinq mètres, représentant un muret de cinquante centimètres de hauteur. Il faudra pratiquement s'allonger pour tirer. Je vais numéroter les cibles de 1 à 3. À chaque fois que j'annoncerai un chiffre, vous tirerez deux fois sur la cible portant ce numéro, et vous vous déplacerez dans l'abri suivant. Après le troisième abri, vous ferez le chemin inverse mais en marche arrière.

C'était effectivement un parcours dynamique et sportif, mais les « Bac-men » le réalisèrent sans trop de difficulté. Sans être surentraînés, ils avaient une bonne condition physique.
Seul René rencontra des difficultés. La veille, il avait joué au foot et il avait pris un mauvais coup au genou. Il avait du mal à le plier.
En conséquence, la position allongée fut douloureuse pour lui.
Une fois la séance terminée, ils rentrèrent au commissariat. À peine arrivé, René passa l'immatriculation de l'Audi au SIV.
Elle appartenait au ministère de l'Intérieur. Curieusement, cette information ne l'étonna pas plus que cela.

Chapitre 17

Les nuits suivantes, les policiers continuèrent à surveiller le bar des « Couleurs. » René avait raconté à Jean-Pierre la présence de l'Audi sur le parking du central, et son appartenance à la maison. Celui-ci tiqua mais choisit de ne pas y prêter plus d'attention.

Pourquoi Jean-Pierre réagissait-il ainsi ? se demanda René.

Il semblait vouloir jouer perso dans cette affaire. En fait, il ne tenait pas pour l'instant à en parler avec la hiérarchie, il voulait apparemment boucler cette mission avant de dévoiler ses sources.

Mais justement, quelles étaient ses sources ?

C'était la question que se posait René.

Pourquoi Jean-Pierre ne les mettait-il pas dans la confidence ?

Leur chef semblait surprotéger son indic.

Pourquoi ? Que cachait-il ? Quel était le lien qui les unissait ?

Sûrement pas des raisons purement professionnelles. Il y avait autre chose.

Mais quoi ?
Où cette affaire allait-elle les mener ?
Parce que Jean-Pierre n'était pas le seul impliqué. René et ses collègues de la BAC de nuit surveillaient le bar suspecté, et selon toutes apparences, ils ne connaissaient pas tous les aboutissants.
Jusqu'où Jean-Pierre était-il prêt à aller ?
Dans quelle histoire s'était-il embarqué ?
Agissait-il de son plein gré ou bien était-il menacé ?
Par qui ? Pourquoi ?
Décidément, René n'aimait pas la façon dont les choses se présentaient. Il avait bien tenté de lui tirer les vers du nez, mais rien n'y avait fait. Jean-Pierre esquivait les questions. Il semblait vouloir mener sa propre croisade.
Dans quel but ?
Certainement détenait-il des informations qu'eux-mêmes ignoraient.
Mais de quelles sortes d'indices s'agissait-il ?
Ce devait être important pour justifier la détermination de leur chef.
Et si finalement les personnes qu'il cherchait à protéger étaient ses hommes ?
Mieux valait peut-être pour eux ne rien savoir.
La question restait en suspens.

Cette nuit-là, après une heure de planque, ils virent arriver un véhicule de marque Renault, une Clio de couleur bleu nuit. La voiture s'arrêta devant le débit de boissons. Un homme en descendit et pénétra dans le bar.
Quelques minutes plus tard, il en ressortit et Jean-Pierre, muni de jumelles, reconnut l'individu.

– C'est Damien en voiture, il faut le suivre ! cria-t-il à ses collègues.

Ils rattrapèrent la Clio sur l'avenue Yitzhak Rabin. Les policiers signalèrent leur présence à l'aide de leurs avertisseurs lumineux et sonores. Contre toute attente le chauffeur du véhicule accéléra, tourna à droite et se gara sur le parking du bâtiment A4 de la cité. Damien en descendit rapidement et se mit à courir, mais les hommes de la BAC l'avaient déjà cerné.

Damien, qui tenait dans ses mains deux téléphones portables et un écouteur, les laissa tomber au sol et plongea sa main dans la poche droite de sa veste pour en sortir un sachet. Il tenta à nouveau d'échapper au contrôle mais les policiers le bloquèrent. Sébastien remarqua qu'il sentait fortement l'alcool. Damien tenait dans la main le sachet, ouvert. À l'intérieur, le policier aperçut des barrettes de résine de cannabis.

– Donne-moi ce sachet ! ordonna Jean-Pierre.

Mais le suspect refusa d'obtempérer et tenta de jeter le sachet au sol. Patrice lui saisit le bras et arriva à le lui prendre. Damien se débattit violemment et repoussa Sébastien. Il essaya de prendre la fuite mais Vincent le ceintura. Patrice voulut lui prêter main-forte mais il reçut un coup de pied qui le fit tomber. Son genou heurta le bitume, déchirant son jeans et lui occasionnant une blessure saignante. Il ressentit une vive douleur.

Damien réussit à échapper à l'emprise de Vincent. Les policiers avaient du mal à le maîtriser, du fait de sa forte corpulence. Jean-Pierre le plaqua contre le véhicule de police mais Damien ne s'avoua pas vaincu.

Il agita ses bras énergiquement pour ne pas être menotté et sans vraiment le vouloir, il donna un coup de coude au visage de Sébastien. Ce dernier, voulant se protéger, para le coup avec sa main gauche mais sous la force de l'impact, le coude finit sa course sur son nez. Son visage grimaça de douleur, son index gauche lui faisait également mal. Damien se mit à crier à plusieurs reprises, en invectivant ses amis pour qu'ils viennent l'aider.

Plusieurs individus, se trouvant habituellement dans le hall d'entrée du bâtiment A4, s'approchèrent des policiers avec un air menaçant. Une pluie de projectiles tomba des étages.

Jean-Pierre prit la radio et demanda des renforts puis, avec Sébastien et Vincent, ils réussirent à amener Damien au sol. Malgré l'agitation de ce dernier, ils parvinrent à lui prendre la main bloquée sous son buste et à lui passer les menottes.

Au même moment, dans la cité, on s'agitait. Un attroupement à la mine patibulaire s'était formé autour des policiers.

Patrice n'hésita pas. Il savait qu'il devait agir vite, sinon la situation pouvait rapidement dégénérer. Il se munit du flash-ball, se positionna face aux jeunes excités, prêts à en découdre avec les condés. Mais à la vue de l'arme, ils reculèrent. Leur mine réjouie un instant plus tôt affichait maintenant résignation et capitulation.

On avait fini de jouer.

La police avait le contrôle de la situation. Tout rentrait dans l'ordre, se rassura Patrice, malgré tout pas trop confiant sur l'avenir.

Sébastien et Vincent chargèrent difficilement l'interpellé dans un véhicule de police secours qui venait d'arriver en renfort. Damien continuait à gesticuler et à crier.

Les policiers restés sur place fouillèrent le véhicule de Damien.

Sur le siège avant passager, ils constatèrent la présence d'une bombe lacrymogène de 500 millilitres, d'une boîte GPS/Tracker. Sur le siège arrière droit, un petit talkie-walkie et à même le sol, un grand couteau de cuisine ainsi que des sacs vides de conditionnement. Ils décidèrent de remiser la Clio dans l'enceinte du commissariat. Ils récupérèrent les deux téléphones portables que Damien avait laissés tomber au sol.

Ils regagnèrent le service et une fois dans le bureau de la BAC, Damien se calma. Les policiers trouvèrent sur lui plusieurs billets, soit au total 1 390 euros.

Ils remirent Damien à l'officier de police judiciaire en y joignant la procédure, ainsi que le sachet contenant vingt barrettes de résine de cannabis et les deux portables. Damien fut placé en garde à vue.

Chapitre 18

La nuit suivante, Damien était toujours en garde à vue. Celle-ci pouvait durer soixante-douze heures pour une affaire de stupéfiants.

Jean-Pierre avait posé la nuit. Il rendit visite à Doria, en prétextant à sa femme qu'il devait se rendre au commissariat pour préparer une opération de stupéfiants.
En arrivant chez la jeune femme, il l'avertit d'emblée qu'ils allaient faire une descente au bar « des Couleurs ». D'un ton impérieux, il lui demanda de n'en parler à personne.
À la tournure de la conversation, Doria comprit qu'il n'était pas disposé à lui conter fleurette. Pas plus qu'à la bagatelle. Tout de même elle se serait attendue à un peu d'attention de sa part. Au vu de son état, il aurait pu lui demander comment elle allait. Mais non. Pas un mot de réconfort. Point de chaleur dans sa voix. Pas l'ombre d'un regret dans son regard.
Merde ! C'était quand même lui qui l'avait mise enceinte !
Elle rageait. À aucun moment, elle ne réfléchit que c'était elle qui avait voulu cette situation.

Ne l'avait-elle pas effrontément dragué ?

N'avait-elle pas volontairement omis de prendre la pilule ?

Ne l'avait-elle pas consciemment piégé ?

Oui, évidemment !

Alors de quoi se plaignait-elle ?

Elle désirait son amour.

Pourquoi ?

Elle ne l'aimait pas pourtant. Seulement, elle aurait pensé représenter quelque chose pour lui. Mais manifestement, elle s'était trompée. Elle venait de comprendre qu'il s'était amusé avec elle. Il l'avait utilisée. Et maintenant, il se révélait être un beau fumier !

Elle aussi s'était amusée avec lui. Elle l'avait utilisé pour obtenir ses papiers. Et il avait mordu à l'hameçon.

Manifestement, elle s'était comportée comme une belle salope.

Ils étaient donc quittes.

Peut-être pas.

Elle pouvait encore l'atteindre. Lui faire très mal. Et cette idée la fit sourire.

Aujourd'hui, c'était le policier qui lui rendait visite et non l'amant. Cela, elle l'avait bien compris. Elle se plierait donc à sa demande. Elle jouerait le jeu.

Pour l'instant du moins…

Il serait toujours temps de lui présenter l'addition. En parlant d'addition, Jean-Pierre n'avait toujours pas abordé le sujet de l'avortement.

Lui avait-il apporté les huit cents euros ?

Elle en doutait.

Il continuait de lui parler de sa descente au bar.

Vraisemblablement, ils seraient nombreux et auraient l'aide de la brigade canine. Il la questionna sur les clients du bar, notamment les plus assidus. Elle devait lui confier le moindre détail qui aurait pu lui paraître suspect.

Justement, il y avait ce Miloud.

Ce type ne lui semblait pas franc du bonnet. Elle savait qu'il servait d'indic à la police. Mais il était souvent présent dans le bar. Et même certains soirs où des types, du genre pas très recommandable, venaient voir le patron. Il y avait justement trois hommes qui lui paraissaient particulièrement suspects.

Toujours les mêmes. De type européen, qui arrivaient à bord d'une grosse cylindrée. Doria avait remarqué la voiture.

Difficile de l'ignorer.

Ils la garaient à chaque fois sur le trottoir devant l'entrée du bar. Ils ne cherchaient même pas à la stationner correctement, ils se comportaient en terrain conquis. Et personne ne s'avisait de leur dire qu'ils gênaient le passage. Tous la fermaient. Pour dire qu'ils impressionnaient.

Autre chose qui avait éveillé la curiosité de Doria, ils ne consommaient jamais d'alcool. Parfois un café. Ils se faisaient servir directement par le patron, jamais par elle. Puis, ils s'attablaient avec Miloud.

Pourquoi avec lui ?

Elle n'avait jamais pu en connaître les raisons. Doria avait essayé d'écouter leur conversation, mais ils baissaient la voix à son approche. Ils se méfiaient d'elle. Elle n'avait donc pas insisté. De toute façon, ces types ne lui inspiraient pas confiance. De plus elle ne les avait jamais vus auparavant. Enfin, avant de travailler au bar « des Couleurs ». En tout cas, ils n'étaient pas de la cité, sinon elle les aurait remarqués. Sûrement qu'ils étaient de Marseille.

À n'en pas douter des truands. Pour sûr des gens du milieu. Ce n'était pas des rigolos. Il n'y avait qu'à voir les pistolets qu'ils dissimulaient sous leurs blousons. Elle les avait aperçus un soir qu'elle ramassait des débris de verre, accroupie sous une table. Ces mecs-là, mieux valait ne pas s'y frotter.

Pourtant Miloud semblait bien les connaître.

Où Miloud les avait-il rencontrés ? Dans quelles circonstances ?

Et que trafiquait-il avec eux ?

Elle mit en garde Jean-Pierre.

Peut-être se faisait-elle des idées sur ces types. Toutefois, ces hommes lui faisaient peur. Ils n'avaient pas l'air de simples dealers. Ils étaient du genre à être sur des gros coups. Elle n'avait pas réussi à savoir ce qu'ils magouillaient au juste mais ça semblait louche. Toutefois, elle n'avait pas osé trop poser de questions à leur sujet, elle n'avait pas envie qu'ils la soupçonnent de collaborer avec la police. Elle pourrait y laisser sa peau dans cette affaire.

Quant à Miloud, elle se trompait peut-être à son sujet. Il est vrai qu'elle l'avait vu parler à maintes reprises à ces types. Mais c'était mince comme information pour accuser Miloud de complicité de trafic. Cependant, son instinct lui dictait de se tenir éloignée de Miloud. Elle ne pouvait pas expliquer ce sentiment envers lui. Effectivement, il était toujours aimable avec elle.

Mais elle ne l'aimait pas.

Pourquoi ?

Elle n'en savait rien, c'était comme ça.

Intuition féminine ?

Possible.

Jean-Pierre abonda dans son sens. C'était un facteur qu'il ne fallait pas négliger.

En raison de la présence de Miloud, l'opération risquait de capoter.

Ou pire.

Si les « Marseillais », comme elle les surnommait, étaient de gros trafiquants de drogue, Jean-Pierre n'était pas de taille à les arrêter.

Une sourde inquiétude la gagna. Un frémissement aux confins de son inconscient.

Une espèce d'avertissement.
Maintenant, elle avait vraiment peur.
Pour elle. Mais pas seulement.
Pour lui aussi.
Oui, elle n'aurait pas cru éprouver ce genre d'émotions pour son amant. Pourtant, elle tremblait pour Jean-Pierre.
Finalement, elle ne souhaitait pas qu'il lui arrive quelque chose. Enfin, pas qu'il se fasse descendre.
Elle se mordit la lèvre. Elle ne voulait pas qu'il devine son émoi. Il ne devait pas savoir ce qu'elle ressentait à cet instant pour lui. Il aurait pu croire qu'elle était amoureuse de lui. Alors que ce n'était pas vrai. Non, ce n'était pas possible. Elle s'était dit qu'on ne l'y reprendrait plus. Alors autant clore le sujet !
Son cerveau était en proie à une intense confusion.
Devina-t-il son combat intérieur ?
Il lui prit la main et la porta à ses lèvres, l'enlaça tendrement et lui murmura à l'oreille les mots qu'elle attendait.
Jean-Pierre la rassura en lui disant que toutes les mesures seraient prises. Quant à Miloud, s'il était pris avec du crack en sa possession, eh bien ce serait tant pis pour lui.
Elle répondit par une courte inclinaison de la tête. Elle était trop occupée à chasser les questions qui se bousculaient dans sa tête.
Que représentait Jean-Pierre réellement pour elle ?
L'aimait-elle ?
Ou s'était-elle attachée à lui comme on s'agrippe à une bouée de sauvetage ?
En fin de compte, il était né de leur relation une belle amitié. Oui, ce devait être ça, se tranquillisa-t-elle.
Elle repoussa ses pensées mornes et revint à l'heure présente.
Et justement, elle attaqua le sujet qui fâchait.
Les huit cents euros.

– Au fait, tu as l'argent ? coupa court Doria.
Il cilla imperceptiblement.
– Tiens, voilà déjà ça !
Jean-Pierre lui tendit une enveloppe. Elle l'ouvrit et en voyant la somme à l'intérieur, elle fit la grimace.
Elle sentit monter en elle la colère. Une bouffée de colère qui eut pour effet de la remettre sur pied.
Au diable, ses doutes !
Il s'était bien foutu d'elle !
Elle fulminait.
Les lèvres retroussées en un rire moqueur, elle le tança d'un ton de reproche.
– Que veux-tu que je fasse avec trois cents euros ? Ce n'est même pas la moitié de la somme nécessaire. Il me faut plus. Le temps presse. D'ici le trente juillet, il me faudra la somme totale.
– Tu sais bien que je retire de l'argent de mon propre compte. Je ne veux pas donner des soupçons à ma femme. Tu auras le reste à la fin du mois !
– Tu as intérêt ou sinon…
– Ou sinon quoi ? Ne me menace pas, Doria !
J'ai fait de toi ma maîtresse mais je ne t'ai rien promis.
– Salaud !

Elle prit la tasse de café qu'elle avait posée sur la table à son arrivée et la lui jeta à la figure.
Jean-Pierre avait déjà franchi la porte. La tasse vint s'écraser sur le mur.

Chapitre 19

Ses coéquipiers avaient repris leur patrouille. Ils circulaient dans la cité. De passage dans la rue Berdiansk, un quartier mal éclairé et composé de petits bâtiments à un étage, ils virent arriver un cyclomoteur monté par deux individus démunis de casque de protection. Ils reconnurent le chauffeur comme étant Jordi, le frère de Damien. Sidi, le passager, était un ami de Rachid. Jordi s'arrêta au niveau de la portière conducteur à hauteur de Christophe et les invectiva.

– Hier, vous avez niqué mon frère. Vous lui avez cassé le bras !

– Il n'a pas le bras cassé et s'il ne s'était pas rebellé, il n'aurait pas été blessé ! lui répondit Patrice.

– Je suis sûr que c'est Miloud qui l'a balancé !

– Tu dis n'importe quoi ! C'est un simple agent de sécurité !

– Oui, c'est ça, je ne vous crois pas !

Dans le même temps, un deuxième scooter, monté par Alim, vint se positionner au niveau de la portière passager avant, où se trouvait assis Patrice, bloquant ainsi celle-ci. Jordi déplaça son cyclomoteur et se mit à quelques centimètres devant le véhicule de la BAC. En compagnie de Sidi, ils descendirent tous les deux de leur scooter et se précipitèrent vers Christophe en vociférant. Ce dernier réagit immédiatement en sortant du véhicule suivi par Sébastien qui se trouvait assis juste derrière lui. Les jeunes se ruèrent vers les policiers et les poussèrent. À l'opposé, René, qui était également sorti du véhicule, se retrouva face à deux individus menaçants. Il sortit son « Tonfa », bâton de défense à poignée latérale, et commença à balayer devant lui pour les tenir à distance.

Patrice voulut prêter main-forte à ses collègues mais il était bloqué par le scooter d'Alim. D'un coup d'épaule, il ouvrit sa portière violemment. Celle-ci s'entrouvrit mais pas suffisamment. Patrice dut jouer des coudes pour s'extraire enfin du véhicule.

– Vous ne vous en tirerez pas comme ça, bande de bâtards ! Vous avez blessé mon frère ! Vous allez le payer ! vociféra Jordi.

Sébastien tenta de l'interpeller en essayant de lui passer les menottes mais en vain. Jordi lui attrapa la main qui tenait les menottes. Dans un même temps, Alim arriva à la rescousse et poussa Christophe. Les policiers tentèrent de maîtriser Jordi mais celui-ci se débattit et réussit à se dégager.

Dans la lutte, Patrice réussit à prendre son portatif et à transmettre un message radio demandant des renforts.

Il y avait urgence.

En effet, comme à l'accoutumée, dès que la police pénétrait dans la cité, les curieux se rassemblaient. Très vite le ton montait. Les jeunes criaient à la provocation.

Les keufs n'avaient rien à faire sur leur territoire.

Enfin, les deux tons signalèrent leur présence dans la cité. Au grand soulagement des « Bac-men », arrivaient les renforts de plusieurs véhicules de police secours et des équipages de la BST.

Des jets de pierres commencèrent à fuser autour des forces de l'ordre. Jordi et Sidi en profitèrent pour prendre la fuite en remontant sur leur scooter.

Devant l'importance des renforts, les jeunes se dispersèrent. Ils quittèrent les lieux en direction de l'avenue Yitzhak Rabin et se réfugièrent sur l'esplanade, située face au bâtiment F1 de la cité. Un deuxième groupe d'individus se tenait à l'opposé sur l'avenue Jean Rostand.

Alim voulut reprendre son cyclomoteur pour s'enfuir, mais il fut intercepté par Christophe, aidé par Patrice et Mathieu de la BST. Ils réussirent à le maîtriser et à le menotter.

Les deux jeunes que René tenait à distance avaient pris la fuite. Il put venir prêter main-forte à ses collègues.

Les policiers se dirigèrent vers le bâtiment F1 de la cité, où se trouvaient Jordi et Sidi. Ils commencèrent à avancer sur l'esplanade.

Face à eux, trois blocs d'une dizaine d'étages formaient un demi-cercle.

Un cul-de-sac.

Ils faisaient une cible facile. C'était se jeter dans la gueule du loup.

S'aventurer ainsi à découvert était trop risqué.

Malgré les renforts, les forces de police étaient insuffisantes pour contenir la foule hurlante, maintenant rassemblée devant le bâtiment.

Effectivement, au fil des minutes, la cité s'agitait. Des individus de plus en plus nombreux injuriaient les policiers.

Les menaçaient. Leur jetaient divers projectiles.

Il en arrivait de partout.

On était au bord de l'émeute.
Les policiers savaient que cela pouvait vite dégénérer.
Et pour quelles raisons ?
Une simple altercation entre policiers et trois jeunes excités. Cela ne valait pas le coup. Surtout qu'ils savaient qu'ils auraient l'occasion d'arrêter les suspects en d'autres lieux, et à moindre risque.
L'ordre de la hiérarchie tomba.
Les policiers devaient se retirer.
C'était toujours mal ressenti. Un sentiment amer.
Une défaite.
Les jeunes de la cité avaient mis en échec la police. Réjouis de leur victoire, ils saluaient la sortie des condés avec un doigt d'honneur.
Les policiers devaient ravaler leur fierté.
Mais la partie entre les deux camps n'était pas terminée.
Elle ne finissait jamais.
Aujourd'hui, la force n'était pas restée à la loi. La cité avait gagné.
Mais demain, la loi reprendrait ses droits.
Et après ?
Il y aurait d'autres altercations. Des perturbateurs. Des soulèvements. Des menaces.
Une guéguerre gagnée un jour par les uns. Perdue par les autres. Et le lendemain, les scores s'inversaient. Une sorte de jeu dont la partie ne se terminait jamais tout à fait. Oui un jeu, pour les jeunes, qui consistait à mettre le feu à la cité, à la moindre intervention des forces de l'ordre.
L'équipage de la BAC rentra donc au service pour aviser l'officier de police judiciaire.
Ce dernier plaça Alim en garde à vue.
Jordi, rassuré par le départ des policiers, déposa Sidi dans son quartier et repartit. Mais un équipage de police secours, stationné au coin de la rue, repéra Sidi et l'interpella.

L'équipage de la BST vint en renfort afin d'assurer leur protection.

Sidi fut également placé en garde à vue. Quant à Jordi, il ne serait interpellé que plusieurs jours plus tard.

Chapitre 20

Le soir même, Jean-Pierre, sous les ordres du commandant Éric, avait organisé une descente au bar « des Couleurs ». Plusieurs policiers investirent le débit de boissons. Ils fouillèrent l'établissement et contrôlèrent les clients qui se trouvaient à l'intérieur. Mis à part quelques barrettes de résine de cannabis trouvées sur eux, la perquisition fut un échec.

Une fois la patrouille partie, Doria fit signe à Jean-Pierre. Elle lui désignait Miloud.

« L'indic » du commissariat.

Ce dernier était caché derrière le comptoir. Jean-Pierre savait que ce jeune, originaire de la cité, était le chouchou des hautes instances de la police du département. De plus, il donnait des informations sur les dealers du quartier, oubliant toutefois de citer ses amis.

Jean-Pierre le suspectait d'avoir fait capoter l'opération de la nuit. Il ne faisait aucun doute pour lui que Miloud avait averti le bar d'une descente de police. Les craintes de Doria étaient fondées.

Mais qui était Miloud ?

On l'avait présenté au commissariat quelques semaines auparavant comme étant le nouvel agent de sécurité. Il était issu de la cité et comme à bien des jeunes de sa génération, on voulait lui montrer qu'il existait d'autres voies que dealer, même si on venait d'un milieu difficile.

Sympathique, il plut d'emblée à la majorité des fonctionnaires du commissariat. Bien accepté, il s'avéra même être un atout. En effet, il servit d'indic et fut un allié précieux pour infiltrer et débusquer les dealers de la cité.

Les jeunes lui faisaient confiance.

Il devenait le grand frère. Celui sur qui on pouvait compter. Il aidait beaucoup de jeunes à sortir de la coupe des délinquants et les poussait à reprendre leurs études.

Il avait ainsi des tuyaux sur les livraisons de « dope ». Bien renseignés, les policiers n'avaient plus qu'à cueillir les coupables.

Les affaires résolues se succédaient. À tel point qu'il devenait le protégé de la hiérarchie. Et pour cause, depuis l'arrivée de Miloud, le taux des arrestations augmentait et plusieurs réseaux de dealers avaient été démantelés. Il devint fréquent de le voir, lui, simple agent de sécurité, invité par le patron dans son bureau pour discuter des affaires en cours.

Certains y virent-ils une alliance controversée ?

À savoir des avantages ?

Peut-être se sentaient-ils lésés ?

Il fallait reconnaître que si Miloud amenait des renseignements, toute une équipe travaillait sur l'affaire et menait à l'arrestation. Or au regard de la hiérarchie, tout le mérite en revenait à Miloud.

Toujours Miloud !

Certains allèrent même jusqu'à douter du bien-fondé de ces opérations.

Miloud était-il franc du bonnet ?

Il y eut de la suspicion.

Effectivement, quelque chose clochait. Miloud était d'origine algérienne or tous les individus suspectés étaient soit marocains, soit tunisiens mais jamais algériens.

Alors le doute s'insinua peu à peu au sein du commissariat.

Que cachait Miloud ?

Et pourquoi la hiérarchie l'encensait-elle à ce point ?

Quels en étaient les aboutissants ?

Chapitre 21

Quelle était la face cachée de Miloud ?
La question se lisait sur toutes les lèvres des hommes du terrain.
De son côté, Jean-Pierre flairait aussi la magouille. En effet, Miloud était l'homme que Doria avait identifié.
Alors à quoi jouait-il ?
Miloud était-il un dealer ?
Protégeait-il ses complices ? Ou bien était-il infiltré pour mieux jouer les « indics » ?
Mais pourquoi les « Stups » ne communiquaient-ils pas avec Jean-Pierre ?
Justement le soir de la descente au bar « des Couleurs », Jean-Pierre agit de manière bizarre. Il s'isola avec Doria et il lui glissa une enveloppe. La jeune fille l'ouvrit. Elle parut satisfaite. Elle hocha la tête.
Tout s'était passé rapidement. Sans parole. Juste des regards complices.
Que contenait l'enveloppe ?
Quelle signification devait-on donner à cet échange ?

Un comportement plutôt inhabituel pour un fonctionnaire de police.

Que devaient en déduire ses collègues, témoins de la scène ?

Jean-Pierre se leva en faisant signe à Didier et Patrice qu'ils quittaient le bar. Ces derniers n'avaient pas vu le contenu de l'enveloppe mais ils restaient surpris et dubitatifs.

Une fois à l'extérieur, Didier l'interrogea sur la signification de cette enveloppe. Jean-Pierre balaya l'espace de sa main, comme pour minimiser l'acte.

– T'occupe pas, c'est personnel !

Cette réponse ne satisfit pas Didier.

– Comment ça personnel ? Hé, Jean-Pierre ! On est en service là et on est tes coéquipiers ! Alors on doit savoir de quoi il retourne.

– Cela ne concerne pas le boulot !

– Tu as filé du fric à cette fille ? Qu'est-ce qu'il ne va pas chez toi ? Ho ! Jean-Pierre, c'est quoi cette embrouille ?

– Non, je n'ai pas payé cette fille. Ne t'en fais pas ! Je te l'ai dit, rien à voir avec le boulot. Hé ! Qu'est-ce que tu vas t'imaginer ? Tu me connais ?

Didier fit la moue. Cette affaire ne lui disait rien de bon.

– Allez, fais pas ta mauvaise tête !

Jean-Pierre lui passa amicalement la main sur les cheveux. Mais Didier resta crispé. Toutefois, il ne posa plus de question. À quoi bon ? Il comprit qu'il ne tirerait rien de plus de lui ce soir.

Seulement, il réfléchit. Il échafauda toutes sortes de scénarios.

À quoi jouait Jean-Pierre ? Doria était-elle une « indic » qu'il rémunérait ?

Ou bien trempait-il dans une sale affaire et la fille le faisait chanter ?

Bien sûr Didier ignorait que Doria était la maîtresse de Jean-Pierre.
Alors les questions se bousculèrent dans sa tête.
Mais alors qui était « l'indic » ?
Miloud ?
Doria ?
Jean-Pierre semblait suspecter Miloud mais le patron mettait toute sa confiance en lui.
Finalement, à quel jeu jouait tout ce petit monde ?
Indic ? Ripou ?
Le doute s'amplifiait au sein de la brigade. Tous se posaient des questions. Les hommes ne savaient plus vraiment pour qui ils travaillaient.
Miloud jouait-il un double jeu ?
Jean-Pierre était-il impliqué ?
L'inquiétude gagna.
Et si malgré eux, ils protégeaient les malversations de leur chef ?

Chapitre 22

Le commissaire Denis Fagard convoqua son adjoint le commandant Éric ainsi que les officiers Michel et Caroline. Ils pénétrèrent dans le bureau, le patron semblait préoccupé. Il leur expliqua que sur instruction de l'Inspection générale des Services, ils devaient mettre en surveillance le fonctionnaire Lopez Jean-Pierre, chef de la BAC. Il était suspecté d'aider une jeune fille en situation irrégulière et de toucher de l'argent des gérants de bar.

Il leur demanda de faire une enquête et de le surveiller.

– Je compte sur vous pour mener à bien cette mission ! ajouta le patron.

Les officiers acquiescèrent. Ils n'aimaient pas ce genre de mission mais ils devaient suivre les instructions.

Les ordres sont les ordres, on ne discute pas.

Didier avait-il fait part de ses inquiétudes au sujet de son chef ?

Avaient-ils avec Patrice témoigné de l'étrange scène dont ils avaient été les témoins dans le bar ?

L'heure était à la suspicion.

Tout le monde s'épiait. Se suspectait.
Ainsi l'Inspection générale surveillait Jean-Pierre. Ce dernier gardait un œil sur Miloud. Et Miloud était censé donner des renseignements sur les dealers de la cité.
Mais quelle était la place des collègues de Jean-Pierre ?
Étaient-ils eux aussi surveillés ? Ou leur demanderait-on de rapporter les faits et gestes de leur chef ?
Cette situation était désagréable pour tout le monde.

Jean-Pierre ne se doutait de rien.
D'ailleurs, il avait ses problèmes personnels qui lui prenaient bien assez la tête !

****

Jean-Pierre décida de rendre visite au patron du bar « des Amis ». En compagnie de Patrice et Didier, ils se rendirent dans l'établissement.

– Bonjour Mohamed ! Vous allez bien ?
– Oui chef, ça peut aller !
– Vous êtes au courant pour le problème de Doria ?
– Oui, elle m'en a parlé !
– Et vous ne pouvez pas l'aider ?
– Non ! La fréquentation de mon bar est en baisse !
– Ah, oui ? Et à ce sujet, vous avez pensé à régulariser votre situation ?
– J'ai eu les papiers. Je vais vous les chercher !
Mohamed revint deux minutes plus tard et tendit l'enveloppe à Jean-Pierre. À ce moment-là, la porte s'ouvrit et les officiers Caroline et Michel entrèrent dans le bar.
Surpris par cette visite, Jean-Pierre leur demanda ce qu'ils faisaient là.

– Nous avons eu pour consignes de vérifier la situation de tous les débits de boissons de la ville ! répondit Michel.

Les hommes de la BAC furent étonnés par cette réponse car d'habitude lorsqu'ils participaient à ce genre d'opérations, elles étaient organisées à l'avance et l'on prévoyait également le renfort de la brigade canine. Mais ils ne pipèrent mot.

– Eh bien, vous voyez nous le faisons aussi. J'ai demandé les papiers du bar au patron !

En prononçant ces mots, il montra l'enveloppe qu'il tenait à la main.

Le lendemain, Jean-Pierre était de repos. Il en profita pour téléphoner à Doria, et lui demander s'il y avait du nouveau au bar « des Couleurs », depuis leur descente de l'autre soir. Elle lui répondit que rien n'était à signaler. Personne n'avait commenté le contrôle de police. Du moins pas en sa présence. Elle était d'ailleurs plutôt soulagée de constater qu'on ne la soupçonnait pas de collaborer. Les « Marseillais » n'avaient pas reparu non plus, et cela aussi était un soulagement pour Doria.

Il y avait un problème sur lequel Jean-Pierre semblait complètement amnésique. La question de l'argent.

Elle s'empressa de lui rafraîchir la mémoire.

– Pour le fric, tu penses me verser le reste quand ? Parce que c'est bien beau de me donner au compte-gouttes mais on est loin des huit cents euros.
– Il me faut plus de temps.
– Tu m'as promis cet argent pour aujourd'hui.
– C'est trop court comme délai.
– Foutaises ! Tu n'as aucune intention de m'aider. Tous les mêmes, les mecs, dès qu'on a besoin de vous, vous vous débinez !

– Je me débine ? !!!
Il avait volontairement monté le ton.
– Pourquoi est-ce que je t'appelle alors ?
– Parce que t'as la trouille que je révèle tout à ta femme.
– Je t'ai déjà dit de laisser ma femme en dehors de ça ! Écoute, je vais passer chez toi et on en parle.
– C'est ça, on en parle !
Il remonta la rue. Justement, il y avait un distributeur. Il sortit sa carte bancaire.

Chapitre 23

Le soir même, ses collègues avaient pris leur service. Ils se rendirent dans la ville voisine pour assurer une planque, afin de surveiller des dealers. Ils pouvaient maintenant agir sur toutes les communes avoisinantes, car la BAC de nuit était devenue départementale.

Didier supportait mal l'ambiance qui régnait à la BAC, depuis que des soupçons pesaient sur son chef. Il était fatigué de toujours prendre des risques pour une administration qui n'en avait rien à faire. Il préféra rejoindre la brigade de nuit. Ce soir était sa première prise de service dans cette unité.

Rémy et Jérôme venaient de voler un booster. Ils l'avaient désossé et entreposé les pièces dans le garage de Rémy. Ils décidèrent de les vendre sur le site « Facebook ». Dans les heures qui suivirent, ils reçurent un coup de fil d'un jeune intéressé par les jantes. Ils convinrent d'un rendez-vous et se retrouvèrent le soir même en bas de la Corniche varoise.

Lorsque Rémy et Jérôme arrivèrent sur le point de rencontre en scooter, quatre jeunes les attendaient.

– Bonjour ! je m'appelle Jonathan. Je peux voir les jantes ?
– Oui bien sûr !
Rémy les sortit d'un sac en toile qu'il avait en bandoulière et les lui montra.
– D'où viennent-elles ?
– Quelle importance ? Elles m'appartiennent !
– Tu mens, ce sont mes jantes. Tu as volé mon booster et tu as mis les pièces en vente sur « Facebook ».
Il attrapa Rémy par le col et lui assena une magistrale gifle.
– Tu vas me dire où sont les autres pièces ?
– Je ne sais pas ! Je les ai trouvées !
– Arrête de mentir ! Tu commences sérieusement à m'énerver !
Les quatre jeunes empoignèrent Rémy et Jérôme et à tour de rôle, leur donnèrent une volée de gifles.
Rémy finit par avouer qu'il avait entreposé les pièces du booster volé dans son garage. Il donna également l'adresse de son domicile.
Jonathan et ses copains étaient venus avec deux véhicules. Ils forcèrent les voleurs à embarquer dedans. Ils empruntèrent une route sinueuse qui traversait une forêt bordée de résineux, une forte montée avec des à-pics vertigineux du cap Sicié sur la mer, offrant un magnifique panorama sur les « Deux Frères », rochers emblématiques de la crique de Fabrégas.
Ils poursuivirent le long de la route côtière dite « Corniche varoise ». Avant d'arriver au col, ils s'arrêtèrent sur le côté droit, sur un parking en terre.
Un coin tranquille.
Il n'y avait pas d'habitation à deux kilomètres à la ronde.
Pas de témoin donc.
Rémy et Jérôme s'en étaient simultanément fait la remarque. Quand la voiture stoppa, ils n'en menaient pas large. Leurs agresseurs allaient leur régler leur compte.

Là, maintenant. Par une nuit étoilée. Dans le silence le plus total. Et même s'ils criaient leur peur, personne ne viendrait leur porter secours.

Lorsque la portière s'ouvrit, une sueur d'effroi les envahit. Le dénommé Jonathan empoigna Rémy et le sortit du véhicule. Dans l'autre voiture, on extrayait également Jérôme. Ils furent jetés au sol sans ménagement. Allongés par terre, ils s'attendaient à être passés à tabac.

Mais non !

À leur grand soulagement, ils entendirent les voitures démarrer.

Leurs émotions étaient diverses. Un mélange de stupeur et d'incrédulité. Ils étaient sauvés. Ou bien, ils allaient leur rouler dessus.

Les deux automobiles firent demi-tour et s'éloignèrent enfin. Rémy et Jérôme demeuraient malgré tout prostrés, face contre terre.

Silence.

La panique refluait peu à peu. Tout danger semblait écarté.

En descendant, la voiture de Jonathan tomba en panne. Ils l'abandonnèrent sur le bas-côté en laissant les jantes dans le coffre. Ils grimpèrent dans l'autre véhicule et se rendirent au domicile de Rémy.

Les deux comparses se relevèrent péniblement et redescendaient la corniche lorsqu'ils entendirent une voiture monter, ils paniquèrent et se mirent à courir ne sachant où aller. Rémy s'approcha trop près du bord. Il perdit l'équilibre, chuta et dévala une pente raide sur dix mètres pour finir sa course au milieu des buissons et des ronces.

De son côté, constatant qu'il ne s'agissait pas de leurs agresseurs, Jérôme s'arrêta. Il se retourna et chercha son ami. Ne le voyant pas, il l'appela à plusieurs reprises. Mais n'ayant pas de réponse, il décida de rejoindre son scooter et de rentrer chez lui.

Au commissariat, Pierre assurait les fonctions de chef de poste. Le téléphone sonna. Michaël, son adjoint, décrocha.
– Allô ? police ? Venez vite, j'ai été frappé et séquestré. J'étais avec mon ami Rémy, mais je ne sais pas où il est. Je suis en haut de la Corniche varoise. Dépêchez-vous !

Pierre envoya deux véhicules de police secours à sa recherche. Lionel et Christophe, surnommé l'informaticien, arrivèrent les premiers mais après avoir parcouru de haut en bas la corniche, ils ne retrouvèrent pas Rémy.

Le téléphone sonna à nouveau dans le poste du commissariat. Une fois encore Michaël décrocha.

– Allô police ! On m'a volé mon booster. J'ai retrouvé les pièces. Elles sont dans une propriété. Vous pouvez venir pour que je puisse les récupérer ?
– Mais la nuit on ne peut pas entrer chez les gens !
– Le garage est ouvert. Il faut intervenir !

Michaël allait répondre mais Pierre lui demanda de lui passer le combiné.
– Vous êtes à quel endroit ?
– Chemin des Alouettes. Je suis chez un jeune qui s'appelle Rémy. C'est lui qui m'a volé. Il a entreposé les pièces du cyclomoteur dans son garage.
– Quel est votre nom ?
– Jonathan, je suis avec des amis !
– Ne bougez pas ! J'envoie une patrouille !

Pierre venait de percuter. C'était la même affaire. Lui et ses copains étaient les agresseurs de Rémy et Jérôme.

Il contacta Steve et Emmanuel leur expliquant la situation et leur demanda de se rendre chez Rémy.

Deux patrouilles étaient chargées de récupérer Rémy, mais elles manquaient de précisions sur le lieu où il se trouvait. Lionel appela donc Pierre, le chef de poste, pour qu'il prenne contact avec Jérôme. Après avoir eu le jeune au téléphone, il indiqua à ses patrouilles que son copain devait être dans un virage à côté d'un véhicule en stationnement. Aidés par le deuxième équipage, composé de Didier, Grégory et Victor, ils repérèrent l'endroit pouvant correspondre aux indications données.

Mais il n'y avait personne à côté dudit véhicule.

Où était passé le fameux Rémy ? Était-il rentré à pied ?

Son collègue prétendait le contraire. L'inquiétude se lisait maintenant sur le visage des policiers. À certains endroits, la route plongeait dans la mer. Ils espéraient que Rémy ne se fût pas trop éloigné. En effet, ici, point de profonds ravins. Au contraire, dans les parties découvertes moutonnait le maquis, piqueté du jaune des genêts et du blanc des bruyères. À l'abri des arbres, croissaient quantité d'arbrisseaux et de buissons. La végétation était un rempart contre l'érosion.

Mais alors où était allé se fourrer cet imbécile ?

Les policiers appelèrent Rémy. Dans un premier temps, aucune réponse ne leur parvint. Ils se penchèrent sur les bas-côtés de la route, appelèrent de nouveau. Après plusieurs tentatives, ils entendirent une voix provenant d'un buisson qui se trouvait dix mètres en contrebas de la chaussée. Christophe prenant son courage à deux mains, dévala la pente abrupte.

Arrivé devant un chêne kermès, il aperçut une tête qui dépassait de cette broussaille épineuse.

– Vous ne pouvez pas sortir ?
– Non, je suis coincé. Il y a des ronces autour de moi !

Le policier réfléchit à un moyen pour le tirer de cette situation. Il chercha une grosse branche qu'il posa sur le buisson. Il monta dessus pour aplatir ce dernier. Il attrapa les mains de Rémy et le tira. Il réussit à l'extirper de ce piège. Non sans mal.

Rémy était tout égratigné. Cela lui faisait une bonne leçon. Cette scène cocasse fit rire les autres policiers.

En redescendant la Corniche varoise, Didier et son équipage retrouvèrent la voiture de Jonathan stationnée au bord de la route. Ils le signalèrent au chef de poste qui leur demanda de la garder.

Pendant ce temps, l'autre patrouille constituée de Steve et Manu était arrivée devant la propriété de Rémy. Ils constatèrent la présence de quatre jeunes. Jonathan leur montra les pièces d'un booster qui se trouvaient dans un garage dont la porte était restée levée.
– Vous voyez, c'est Rémy qui me les a volées. Il faut les récupérer !
– Ce soir ce n'est pas possible ! Nous n'avons pas le droit. Mais vous allez nous suivre au commissariat pour y faire une déposition.
Steve appela Pierre pour lui demander de dépêcher une patrouille en renfort. Didier laissa le véhicule sans surveillance et prêta main-forte à Steve pour ramener les quatre jeunes au commissariat.

Entre-temps le chef de poste obtint de Rémy le numéro de téléphone de son ami. Il l'appela et lui demanda de se présenter au commissariat.
Une heure plus tard, Jérôme arrivait au poste en compagnie de sa mère.

Une fois le transport effectué des quatre individus, Didier, en compagnie de Grégory et Victor, retourna à la voiture en panne où ils attendirent le garage de permanence. L'automobile de Jonathan fut remisée dans la cour du commissariat afin que l'officier de police judiciaire puisse faire une fouille du véhicule.

Steve et Manu rédigèrent la procédure d'interpellation de Jonathan et ses amis.

Les quatre jeunes furent placés en garde à vue. Ils seraient poursuivis pour séquestration et violences aggravées.

Quant à Lionel et Christophe, ils s'occupèrent de la saisine d'interpellation de Rémy et Jérôme. Ils furent également placés en garde à vue et seraient poursuivis pour vol de cyclomoteur.

Une fois leur planque finie, les hommes de la BAC retournèrent dans leur circonscription. Ils décidèrent d'effectuer une ronde dans la ville. Puis, celle-ci terminée, ils prirent une petite ruelle étroite du centre-ville. Un raccourci pour rejoindre leur service. Ils avaient besoin de faire une pause au commissariat.

Une silhouette qui leur parut familière sortit d'un immeuble et s'avança sur le trottoir. Elle ne fit pas attention à la voiture banalisée qui passa devant elle, et monta dans une voiture en stationnement.

Il ne faisait plus de doute qu'il s'agissait de Jean-Pierre, le chef de la BAC.

Que faisait-il seul dans ce quartier, à cette heure de la nuit ?

René tourna vers ses collègues un regard surpris. Déjà des bruits circulaient au commissariat sur une enquête interne visant un gradé. Et le nom de Jean-Pierre avait été prononcé. Bien sûr ce n'était que des ouï-dire. Mais tout de même, ça faisait jaser.

Un ripou, le chef de la BAC ?

Il n'y a pas de fumée sans feu.

Et si c'était vrai ? Comment devaient-ils se comporter avec lui ?

Comme d'hab ! Mais ce n'était pas facile.

René réprima une grimace d'embarras, plongé dans une réflexion profonde.

Foutaises ! Jean-Pierre, ils le connaissaient, c'était un type réglo.

Les trois hommes se turent, passablement intrigués.

Et le mystère grandit.

Qui habitait cet immeuble dans lequel il semblait avoir passé une bonne partie de la nuit ?

Un ami auquel il rendait visite ?

Après tout pourquoi pas.

Peut-être un indic qui ne voulait pas être vu en plein jour avec un policier ?

C'était également une possibilité.

Une fois rentrés au commissariat, Patrice, Sébastien et René ne dirent rien à leurs collègues sur la présence de Jean-Pierre dans la ruelle, à cette heure tardive. Ils ne s'interrogèrent pas plus longuement. D'autant plus que leur nuit de travail n'était pas terminée.

Chapitre 24

Le lendemain, vers 22 heures 30.

Rubens était serbe. Il était en vacances en France. Il venait de passer une soirée festive où il avait consommé beaucoup d'alcool. Ses amis lui avaient conseillé de ne pas prendre sa voiture, mais il avait rétorqué qu'il était capable de conduire. Il avait refusé l'offre de le ramener chez lui.

Décliné également l'appel d'un taxi. Décidé malgré tout à rejoindre sa femme et ses trois enfants. Il était monté dans son Audi A8 et il avait attaqué la corniche Bonaparte.

Cette route sinueuse longeait la côte.

Sous l'effet de l'alcool, il n'avait plus la notion de la vitesse à laquelle il roulait. En abordant le virage du fort de l'Aiguillette, sa vitesse étant trop élevée, il n'arriva pas à contrôler la trajectoire de son véhicule. Il prit le virage trop large et vint heurter un véhicule en stationnement.

La portière passager avant de ce véhicule était ouverte. Sur le fauteuil se trouvait un bébé. Sa mère, debout à l'extérieur, était en train de le langer. Sous le choc, la maman lâcha son bébé et tomba en arrière.

Heureusement, le nourrisson retomba sur le fauteuil.

Rubens, sous l'effet de l'alcool et sans doute « la peur du gendarme », fit marche arrière puis, enclencha la première et repartit en trombe.

Il accrocha au passage son pare-chocs arrière.

René, suivant les consignes de sa hiérarchie, était entré dans la zone portuaire « Quo vadis » pour surveiller le secteur, suite aux nombreux vols sur les bateaux.

En sortant de la zone, lui et ses collègues décidèrent de contrôler un cyclomotoriste qui prenait la direction de la corniche Bonaparte. Les policiers descendirent de leur véhicule et Christophe vérifia les papiers du chauffeur. Il constata qu'il n'avait pas apposé la vignette de l'assurance. Il s'apprêtait à lui en faire la remarque, lorsque René aperçut une Audi noire, accidentée à l'avant et dont le pare-chocs arrière traînait sur la chaussée, tenu seulement par un câble électrique.

L'espace d'un instant, il se demanda s'il ne s'agissait pas de la fameuse Audi qui se trouvait devant le bar des « Couleurs ». Mais au vu des dommages occasionnés au véhicule, il était peu probable qu'il appartînt au ministère de l'Intérieur.

Une rapide vérification des premières lettres de la plaque d'immatriculation lui confirma que ce n'était pas la même voiture.

– Christophe ! Sébastien ! Remontons dans le véhicule, il faut rattraper cette Audi ! ordonna René.

Le chauffeur fit rapidement demi-tour. La voiture de police se retrouva alors à une centaine de mètres derrière la grosse cylindrée. Ils remarquèrent que le pare-chocs arrière ballottait de droite à gauche pouvant blesser des piétons.

L'Audi prit le premier rond-point à contresens et continua sa progression sur le cours Julien en sens inverse, doublant trois véhicules.
— À toutes les patrouilles de TN. On vient de nous signaler qu'une Audi de couleur noire de forte cylindrée a causé un accident sur la corniche Bonaparte, blessant une mère et son bébé. Il a pris la fuite en direction du centre-ville !
C'était la radio de bord qui venait de crépiter. René attrapa le combiné.
— TN de TV BAC, nous sommes derrière ce véhicule. On se trouve sur le cours Julien en direction du port !
— Reçu de TN, à tous les véhicules dans le secteur, accusez réception !
— Nous avons reçu en direct. Nous sommes dans le secteur, nous nous rapprochons ! répondit l'équipage PS1.
— Même message pour PS2 ! annonça Marc.

Le véhicule fou passa le deuxième rond-point à vive allure mais sa vitesse fut ralentie en abordant le troisième rond-point de l'hôtel Kyriad.
La circulation était dense et le fuyard dut pratiquement stopper sa vitesse, ce qui permit à Sébastien de se rapprocher. Rubens réussit toutefois à se faufiler entre plusieurs voitures qui se trouvaient sur le carrefour. Il accéléra de plus belle. Peine perdue. Il constata qu'il était maintenant talonné par le véhicule de police. À chaque virage, le véhicule faisait une embardée.
Sur la longue ligne droite qui longeait le port, plusieurs piétons se trouvaient sur les passages cloutés. Ce fut un miracle qu'il n'y eût aucun blessé. Au bout du quai, Rubens prit un virage à angle droit. Il perdit le contrôle de son véhicule.

Il réussit à redresser sa trajectoire pour prendre à gauche un deuxième virage également à quatre-vingt-dix degrés, mais son Audi vira à droite et finit sa course en heurtant le trottoir.

La roue avant droite tordue, le véhicule était à l'arrêt.

Sébastien freina brusquement et la patrouille de police s'immobilisa cinq mètres plus loin.

Rubens ouvrit la portière et sortit du véhicule, espérant s'échapper, mais déjà René était sur lui. Ce dernier l'attrapa et le plaqua contre la voiture. Il lui prit sa main gauche et la remonta derrière son dos. Christophe arriva en renfort, il saisit son bras droit et ensemble ils le menottèrent et l'introduisirent dans leur véhicule.

Un attroupement commençait à se faire autour d'eux. Heureusement, les équipages de police secours étaient déjà là.

Marc inspecta le véhicule et trouva, dans le vide-poches de la portière conducteur, un couteau de chasse qu'il remit à René. Ensuite il se rendit, en compagnie de Laurent, au fort de l'Aiguillette pour prendre des nouvelles de la mère et de son enfant et faire les constatations d'usage. Ils furent rassurés en voyant que l'enfant n'était pas blessé. La maman leur déclara ne souffrir, suite à sa chute, que de contusions aux fesses et au dos.

Le garage de permanence prit en charge le véhicule accidenté.

Le chauffard fut conduit au commissariat. René passa son nom aux différents fichiers et constata que Rubens n'avait pas de permis de conduire.

Après avis à l'officier de police judiciaire, Rubens fut placé en garde à vue. Il devrait répondre des faits reprochés.

À savoir : délit de fuite, refus d'obtempérer, défaut de permis, mis en danger de la vie d'autrui et port d'arme de catégorie « D ».

Chapitre 25

René continuait de s'interroger sur son chef, Jean-Pierre.
On racontait des choses au commissariat.
Suspicions. Doutes.
Qu'y avait-il de vrai ? Que devait-il croire ?
Et puis, il n'avait pas oublié la présence de Jean-Pierre dans cette ruelle, au petit matin.
À qui Jean-Pierre avait-il rendu visite ?
Il devait savoir.
Alors peut-être qu'il pourrait enfin se faire sa propre opinion.
Dans l'après-midi, il se rendit à l'adresse de l'immeuble d'où il l'avait vu sortir. Le hall ne payait pas de mine. Les murs délavés. Les portes des boîtes aux lettres cabossées.
Qui pouvait bien habiter dans un endroit pareil ?
Sûrement pas un policier ni la famille de Jean-Pierre. Sa première intuition qu'il devait s'agir d'un indic se confirmait au fil des minutes.
René lut les noms sur les boîtes. Celui d'une femme attira plus particulièrement son attention.

Doria Ben Hamida !

Il était sûr d'avoir déjà entendu ce nom. Mais où et quand ? Il ne s'en souvenait pas.

Il devait en avoir le cœur net.

Il était indiqué deuxième étage. Il grimpa les escaliers. Arrivé devant la porte, il eut un temps d'hésitation.

Et si c'était Jean-Pierre qui lui ouvrait ?

Drôle d'idée !

Curieusement, il s'attendait à quelque chose qui allait le surprendre.

Lui déplaire.

Découvrir que son chef menait une double vie n'était pas ce qui l'inquiétait le plus. Il redoutait qu'en ouvrant cette porte, s'affichât devant lui une réalité qui dérange.

La face cachée d'un homme qu'il respectait.

Comment allait-il réagir ? Fermerait-il les yeux ?

Il n'en savait rien.

Mais il voulait savoir.

Et cette détermination le poussait à voir qui se tenait derrière cette porte. Pourtant, il lui suffisait de tourner le dos à cette porte, descendre les escaliers et retourner sur ses pas pour que tout s'arrête.

Fuir. Ne rien savoir.

Ce serait tellement plus facile.

Il hésita une nouvelle fois. Quelques minutes encore avant que tout lui soit révélé. Avant qu'il ne soit trop tard pour reculer.

Seulement, le besoin de savoir fut le plus fort. Il frappa à la porte.

Des pas. On s'approchait. On déverrouillait.

Elle lui apparut enfin.

C'était elle ! Et tout s'éclaira !

– C'est Jean-Pierre qui vous envoie ? lui demanda-t-elle.

Doria l'avait reconnu. Elle savait qu'il était de la BAC et qu'il travaillait avec Jean-Pierre pour l'avoir vu lors des contrôles au bar des « Couleurs ».
Elle lui sourit.
René aussi l'avait reconnue. C'était la serveuse du bar.
Quel lien avait-elle avec Jean-Pierre ?
Maîtresse ou indic ? Ou pourquoi pas les deux ?
Et si c'était à cause d'elle que l'affaire avait capoté ?

– Vous avez quelque chose à me donner de sa part ?

Sa question fut perçue comme une gifle par René.
De quelle chose parlait-elle ?
Elle le regardait sans bien comprendre ce qu'il faisait là.
Elle insista.

– Ne me dites pas qu'il n'a pas l'argent ? Aujourd'hui, c'est le terme, après ce sera trop tard !

Argent. Dessous de table. Complicité. Trafic.
Ces mots résonnaient dans la tête du policier. Il n'aurait pas dû frapper à cette porte.
Ne rien savoir… !!! se répétait-il inlassablement.
Mais maintenant la réalité lui cinglait le visage. Il devait malgré tout aller jusqu'au bout. Il ne pouvait plus faire comme s'il n'avait rien entendu.

– De quel argent parlez-vous ?
– Il ne vous a rien dit ? Alors qu'est-ce que vous êtes venu faire chez moi ?
– Je vous ai posé une question.
– J'ai besoin d'argent pour payer mon avortement.

René soupira.

Dans quelle galère son chef s'était-il fourré ?

– C'est Jean-Pierre le père ?
– Non, c'est le pape ! Bien sûr que c'est lui. Un salaud qui ne veut rien assumer ! Eh bien quoi ? Ça vous en bouche un coin. Votre chef qui se paye une fille comme moi. Lui, le policier rigoureux de la loi, s'envoie en l'air avec la serveuse du bar.
– Vous pouvez me montrer vos papiers ?
– Et puis quoi encore ! Je suis chez moi ici, alors je n'ai rien à vous montrer. Mais sachez que je suis en règle, votre chef s'en est chargé. Et de toute façon, je suis intouchable. Je sais des choses…
– Ah oui ? Et quoi par exemple ?
– Miloud ! Vous le croyez blanc comme neige, hum !
– Vous allez me suivre au commissariat pour qu'on mette tout ça au clair.
– Je n'irai nulle part ! D'ailleurs, je ne crois pas que ça plairait à votre chef que je raconte nos petits arrangements… De plus, je sers d'indic à la police, alors vous ne pouvez pas m'embarquer, cela mettrait en danger ma couverture. Sur ce, je n'ai plus rien à vous dire.

Elle lui claqua la porte au nez.
René après tout n'était pas en service. Mais il devait parler à Jean-Pierre et ensuite…
Eh bien, il aviserait.

Chapitre 26

Le soir même Doria avait repris son service au bar des « Couleurs ».
Miloud était là.
Et la grosse cylindrée se gara comme à son habitude devant l'entrée.
Doria essuyait la table près de la baie vitrée. Elle constata qu'il s'agissait d'une Audi et qu'elle n'était pas immatriculée dans le 13. Ce n'était donc pas des Marseillais. Bizarre !
Qui étaient ces types ?
Une fois encore, ils s'attablèrent avec Miloud. Une bonne demi-heure. Puis ils quittèrent l'établissement sans avoir consommé. Pas même un café.
N'y tenant plus, Doria voulut en avoir le cœur net. Elle se pointa devant Miloud et lui posa tout net la question.

– Qu'est-ce que tu fiches avec ces types ?
– Te mêle pas de ça !
– De quel côté es-tu ?
– Je t'ai dit de te taire !

– Tu n'as pas à me dire ce que j'ai à faire.
– Écoute-moi bien, ma belle ! Contente-toi de sucer ta bite de flic et viens pas fourrer ton nez dans mes affaires.
– Tu es donc en affaire avec ces types. C'est quoi ? Cocaïne... LSD... Tu touches gros ?
– Ferme-là ou tu risques de le regretter.
– Ne me menace pas ! Tu viens de le dire, je fricote avec un keuf...

Miloud la toisa d'un rire moqueur.

– Tu crois me faire peur... Hum ! Tu ne sais rien de ce qui se passe ici.
– Écoute, je ne cherche pas les embrouilles, mais j'ai besoin de fric alors on pourrait s'arranger tous les deux.
– C'est à voir. Qu'est-ce que tu me proposes ?
– On ne peut pas parler ici, rejoins-moi à mon appart après mon service.

Chapitre 27

Miloud avait ses habitudes au bar des « Couleurs ». Il avait mis au point un réseau de renseignements. Il s'était entretenu plusieurs fois avec les policiers des « Stups ». Il avait appris qu'une transaction devait se faire entre un trafiquant marseillais et Julien, un jeune dealer de la cité. La marchandise représentait une forte quantité de résine de cannabis. Elle devait arriver le lendemain, dans l'après-midi. Miloud connaissait l'heure et le lieu du rendez-vous. Les policiers n'avaient qu'à les attendre et les cueillir comme des fruits mûrs.

Mais surtout Miloud se disait qu'une fois Julien éliminé, cela ferait un concurrent de moins pour son trafic. Ses amis et lui avaient fait du bar des « Couleurs » un véritable rendez-vous pour la vente de stupéfiants.

Son business était bien huilé mais voilà, Doria foutait son nez dans ses affaires. La tuile ! Il avait monté une véritable opération et Doria risquait de faire capoter son commerce. Tous ces efforts pour rien.

Il rageait.

Surtout qu'il venait de mettre au point un réseau d'approvisionnement et une importante transaction était prévue.

Un gros coup. Il ne pouvait pas se permettre de la laisser tout compromettre. Il y avait trop d'argent en jeu.

Et puis, il n'était pas seul dans le coup. S'il échouait, il aurait des comptes à rendre et les mecs avec lesquels il était en affaires n'étaient pas des tendres.

Il devait faire taire Doria. Si ce n'était pas lui qui s'en chargeait, d'autres le feraient à sa place. Il fallait lui faire comprendre qu'en le faisant chanter elle jouait un jeu dangereux.

La menacer lui paraissait un bon début. Il espérait que cela suffirait à l'écarter. Sinon, eh bien... tant pis pour elle !

Il y avait aussi le problème du chef de la BAC. Ce flic devenait un peu trop curieux. Jusqu'à présent, il avait réussi à déjouer ses plans. Mais combien de temps encore avant qu'il ne devine ce qui se tramait au bar des « Couleurs » ? Il ne pouvait pas prendre le risque.

Il fallait faire tomber le flic et pour ça Miloud avait sa petite idée.

Il venait d'arriver devant l'immeuble où habitait Doria.

Elle l'attendait.

Peut-être lui proposerait-elle une partie de baise... Elle était bien roulée et il se la ferait volontiers.

Il grimpa les deux étages et frappa à la porte. Il n'eut pas à attendre. Doria lui ouvrit aussitôt. Elle portait un jean et un pull ample.

Rien de sexy. Il était déçu.

Selon toute apparence, elle ne cherchait pas à le séduire. Dommage ! Il aurait préféré que cela se passe en douceur.

– Tu as réfléchi à ma proposition ? lui demanda-t-elle tout à trac.

Elle ne perdait pas le nord, cette garce ! Pour qui elle se prenait ? Si elle croyait lui faire peur, elle se mettait le doigt dans l'œil. L'envie de lui donner une bonne correction lui traversa l'esprit, mais il avait décidé de garder son calme. Du moins dans l'immédiat. Et puis, il ne voulait pas se salir les mains, ce n'était pas bon pour ses affaires. Il connaissait des gens pour ce type de travail.

– De quelle proposition parles-tu ?
– Ne me prends pas pour une imbécile, je sais bien que tu es mêlé à un trafic et je veux toucher ma part en échange de mon silence.
– Tu ne sais rien du tout.
– Écoute-moi bien Miloud, je peux te pourrir la vie...
– C'est toi qui vas m'écouter. Tu as raison sur un point, je suis en affaires mais les types avec qui je bosse ne sont pas des rigolos, alors si tu tiens à ta peau ma jolie, tu vas fermer ta gueule, sinon c'est dans le caniveau qu'on retrouvera ton petit cul.

À son air menaçant, Doria comprit qu'il ne plaisantait pas. Finalement, il n'était qu'un petit intermédiaire, mais il avait des complices assez puissants pour berner la police. Elle ne tirerait rien de lui. Toutefois, lui et ses amis à l'Audi la faisaient flipper.

Sur le moment, elle voulut appeler Jean-Pierre et tout lui raconter.

Mais elle se ravisa. Miloud risquait de lui révéler qu'elle avait demandé une part du gâteau.

Comment le prendrait-il ?

Mal, assurément.

Et puis, elle venait de comprendre que Miloud bénéficiait d'appuis dans la police.

Même s'il prenait des libertés avec eux, il avait leur soutien. Or Jean-Pierre semblait complètement dépassé dans cette affaire. Pour ne pas dire largué. D'autres que lui menaient la danse.

Que se passait-il dans ce commissariat ?
Quelle était la place réelle de Miloud ?
Et ces types à l'Audi, flics ou ripoux ?
Lorsqu'elle avait fait allusion à Jean-Pierre, Miloud lui avait ri au nez, comme si grâce à ses contacts, il passait au-dessus de son autorité. Elle comprit soudain pourquoi, à chaque fois que Jean-Pierre organisait des descentes dans le bar, la mission échouait.
C'était Miloud ! La taupe, c'était lui !
Mais cela insinuait également que Miloud était averti par d'autres policiers que la BAC allait procéder à une vérification au bar.
Jean-Pierre s'en doutait-il ?
Peut-être pas.
Devait-elle lui révéler ce qu'elle venait de découvrir ?
Elle préféra rester en dehors de ça.
Après tout, ce n'était pas son affaire, les keufs n'avaient qu'à se débrouiller entre eux.
Seul lui importait de sauver ses fesses. Elle avait gardé des amis à la cité et dans l'immédiat, il lui parut plus sûr de leur confier ses problèmes avec Miloud.
Eux sauraient lui faire regretter sa menace.

****

Comme prévu par Miloud, la transaction eut lieu sur un parking, au bord du littoral. La brigade des Stups se posta à proximité et commença la planque.
Elle dura plus d'une heure.
Enfin, les policiers remarquèrent une première voiture qui entra sur le parking. Le véhicule s'immobilisa sur une place et un homme en descendit. Ils reconnurent Julien. Déjà connu des services de police, il avait été identifié sur le fichier Canonge.

Julien s'adossa contre un arbre et alluma une cigarette. Les minutes s'égrenaient sans qu'il ne se passât rien. Après une demi-heure d'attente, ils virent un deuxième véhicule, immatriculé dans les Bouches-du-Rhône, se stationner juste à côté de celui de Julien. Un homme, de corpulence moyenne, portant des lunettes de soleil et vêtu d'un costume gris, en descendit. Les deux hommes discutèrent cinq minutes puis, Julien lui remit une liasse de billets. Le Marseillais retourna à sa voiture et en sortit un paquet qu'il lui tendit.

Le top était donné.

Go ! Go ! Go !

En quelques secondes, les deux protagonistes furent cernés par plusieurs véhicules banalisés de la police. L'interpellation se déroula sans incident.

Le trafiquant marseillais avait en sa possession cinq savonnettes de résine de cannabis, environ cinq cents grammes. Julien, l'acheteur, fut également arrêté. On trouva sur lui une liasse contenant plusieurs billets de cinquante euros.

Les forces de l'ordre firent appel au garage de permanence afin de remiser les deux automobiles des trafiquants au commissariat. Elles feraient l'objet d'une fouille approfondie.

Dans un même temps, leurs collègues des Stups, rendus sur place, perquisitionnèrent le domicile du Marseillais et y trouvèrent encore dix kilogrammes de résine de cannabis, ainsi que plusieurs bonbonnes de cocaïne.

Le suspect s'était rendu en Hollande pour s'approvisionner en stupéfiants. Ils trouvèrent également chez Julien une vingtaine de barrettes de résine de cannabis.

Chapitre 28

Miloud, devenu agent de sécurité, faisait encore des heures supplémentaires, en travaillant de nuit pour la grande surface « Auchan ».
Il donnait ainsi le change sans qu'on le soupçonnât de tremper dans des affaires.
Ce soir-là, il se trouvait sur un chariot élévateur pour changer les néons, dans la zone B1 du parking du supermarché, lorsqu'il vit arriver à vive allure un véhicule Citroën de couleur vert bouteille.
La voiture stoppa à sa hauteur. À l'intérieur, se trouvaient six personnes qui en descendirent, et s'approchèrent de lui.
– Oh ! Miloud, comme ça, on est entré dans la police !
– Et alors, en quoi ça te concerne ? répondit sèchement Miloud.
– Tu me reconnais ? Je suis Khaled, un ami de Doria ! Elle m'a dit que tu l'importunais. C'est vrai ?
– Je ne vois pas de quoi tu parles !
– Vraiment ? En plus, il paraît que tu balances aux policiers nos frères ! enchaîna Khaled.

– N'importe quoi ! Je suis maintenant policier, pas une balance !
– Le problème c'est qu'on ne te croit pas.

Les six individus agrippèrent le chariot élévateur et le secouèrent violemment. Miloud perdit l'équilibre et se retrouva la tête en bas, hors de la nacelle, retenu seulement par ses pieds. Khaled et ses amis le frappèrent à plusieurs reprises. Miloud se protégea tant bien que mal le visage, mais un des agresseurs le frappa sur l'arrière du crâne avec une bouteille en verre. Le sang jaillit et se répandit sur tout son visage ainsi que sur ses yeux. Il ne voyait plus rien.

Les agresseurs, à la vue des saignements importants, s'arrêtèrent de le frapper. Ils remontèrent dans leur voiture et partirent. L'abandonnant à terre, gisant dans son sang.

Des clients, témoins de la scène, appelèrent le 17.

– À tous les véhicules de TN, une agression vient d'avoir lieu sur le parking Auchan. Les auteurs des faits ont pris la fuite à bord d'un véhicule Citroën de couleur vert.

L'équipage PS1 ainsi que la BAC répondirent présents.

Arrivé sur les lieux, Lionel, accompagné de Francis, prit contact avec M. Ahmed qui leur déclara qu'un jeune, qui travaillait de nuit, venait d'être agressé. Les auteurs avaient pris la fuite en direction de la cité, à bord d'une Citroën C3 de couleur vert bouteille. Il ajouta que cette voiture avait été filmée par les caméras de surveillance du parking. Seulement, il n'avait pas les moyens techniques de visionner la scène. Il ne pouvait donc pas donner plus de renseignements.

Jean-Pierre, ainsi que ses collègues Jérôme, Sébastien et René venaient d'arriver lorsqu'ils découvrirent la victime. Ils ne reconnurent pas dans un premier temps Miloud car son visage, tuméfié et ensanglanté, était recouvert d'ecchymoses. Ses yeux étaient fermés par des œdèmes.

Lionel se rendit au premier étage, à l'endroit où avait eu lieu l'agression. Il constata au sol des traces de sang, dans lesquelles apparaissaient nettement des empreintes de chaussures. Il trouva à proximité une bouteille en verre brisée.
Les policiers prirent des photos et recueillirent la bouteille et les tessons en mettant des gants.
Pendant ce temps-là, René demanda à Miloud s'il avait reconnu ses agresseurs. Celui-ci répondit par la négative sous prétexte qu'il avait du sang dans les yeux.

– Mais avant qu'ils ne t'agressent, quand ils se sont approchés du chariot élévateur, tu les as bien vus ! lui rétorqua le policier.

Jean-Pierre lui fit signe de ne pas insister. Il se doutait bien qu'il cachait quelque chose. D'ailleurs après vérification, il remarqua que les lumières du premier étage du parking étaient bien en fonction et que l'on y voyait comme en plein jour.
Alors que Miloud était conduit par les sapeurs-pompiers à l'hôpital, PS1 et la BAC se dirigèrent vers la cité, rejoints aussitôt par PS2 composée de Marc et Philippe. Se divisant le secteur, les patrouilles sillonnèrent la cité.
Ils tournaient depuis dix minutes, lorsque l'équipage PS2 aperçut une Citroën de couleur vert bouteille à l'intérieur de laquelle se trouvaient plusieurs individus. Ils décidèrent de les contrôler tout en signalant leur progression aux autres patrouilles.
PS2 s'approcha du véhicule en actionnant les avertisseurs sonores et lumineux.

Akim, le conducteur de la Citroën C3, aperçut le véhicule de police dans son rétroviseur. Il refusa de se stationner sur le bas-côté. Il accéléra et poursuivit sa route en direction de la gare ferroviaire et bifurqua dans la rue Saint-Exupéry.

Marc donna par radio sa position. Philippe, voyant dans son rétroviseur l'équipage de la BAC qui les talonnait, décida de doubler la voiture des fuyards. Il dépassa la Citroën et lui barra la route.

Akim tenta plusieurs fois de dépasser le véhicule de police, en vain. Il décida de freiner brusquement et de faire marche arrière, mais il fut de nouveau bloqué par la voiture de la BAC, cette fois-ci.

À ce moment-là, la Citroën cala. Les policiers en profitèrent pour mettre pied à terre et cernèrent la voiture des suspects. Ils sortirent leur arme de service de leur étui et la pointèrent en direction des occupants du véhicule Citroën.

– Sortez du véhicule ! ordonnèrent-ils à plusieurs reprises.

Mais les suspects refusèrent et en même temps, le chauffeur verrouilla les portes et tenta de redémarrer. Khaled, le passager avant, ouvrit la boîte à gants pour y prendre quelque chose.

Se pourrait-il qu'il soit armé ?

Marc ne prit pas le temps de s'interroger. Pensant leur sécurité menacée, il leva sa jambe droite et tel un karatéka brisa la vitre latérale. Tenant une bombe lacrymogène à sa main gauche, il l'utilisa en aspergeant l'habitacle afin de figer la situation et de les obliger à sortir.

Akim finit par ouvrir sa portière. Jean-Pierre en profita pour le sortir du véhicule et le cloua au sol en lui passant les menottes. Les autres individus, incommodés par les gaz, descendirent également.

Jérôme, Sébastien, Philippe et René, par sécurité, remirent leur arme dans leur étui et les interpellèrent. Mais l'un d'eux en profita pour prendre la fuite.

Ils apprirent par la suite qu'il s'appelait Jonathan. N'étant pas assez nombreux, les policiers ne purent partir à sa poursuite, les interpellés étant dans un état d'excitation conséquent. Ils vociféraient et s'agitaient, sans doute sous l'emprise de l'alcool.

Avec l'arrivée des équipages PS1 et la BST, ils conduisirent ce beau monde au commissariat.

Une fois au poste de police, Akim fut soumis à la vérification de son taux d'alcool dans le sang, à l'aide de l'éthylomètre. Il souffla à 0,73 milligramme d'alcool par litre d'air expiré. Ce qui correspond à 1,46 milligramme d'alcool dans le sang, près de trois fois la quantité autorisée.

Marc avisa les officiers de police judiciaire qui les placèrent en garde à vue.

Le lendemain, après les auditions des différents protagonistes, Miloud reconnut seulement Khaled comme étant un de ses agresseurs. Il donna comme version qu'il y avait eu un différend amoureux entre eux et leur « amie » commun Doria.

Marc s'était chargé de l'audition. Jean-Pierre, après avoir compris qu'il s'agissait de Miloud, avait préféré ne pas s'entretenir directement avec lui. Il le soupçonnait toujours de magouiller et aujourd'hui, l'agression ne faisait que renforcer ses doutes. Seulement, il ne s'attendait pas à l'entendre citer le nom de Doria.

Et il avait tiqué lorsque Miloud avait mentionné Doria comme étant une de ses ex.

Doria ne lui avait rien avoué dans ce sens.

Lui aurait-elle menti ?

Et si tel n'était pas le cas, pourquoi Miloud la mouillait-il dans cette affaire ?

À quoi jouaient ces deux-là ? Ils étaient en train de lui faire un enfant dans le dos ?

Cette idée lui était amère. La grossesse de Doria était-elle vraiment un accident ?

De cela aussi il en doutait.

Mais peut-être qu'il faisait fausse route. Et si Miloud soupçonnait Doria d'être une indic et la menaçait ?
La situation se dégradait.
Sa relation avec Doria tournait au cauchemar. Sa vie de couple était en péril. Son enquête capotait. Et l'ambiance au commissariat était lourde de suspicions.
Jean-Pierre avait l'impression de ne plus rien maîtriser dans sa vie.
Même ses collègues paraissaient changés. Différents envers lui.
Ou devenait-il parano ?
Pourtant on lui avait menti.
Miloud ? Doria ?
Il ne savait plus qui croire.

De son côté, Miloud dans son for intérieur suspectait Jean-Pierre de l'avoir balancé. Il se promit de se venger.
Quatre des individus furent relâchés, faute de preuve dans la participation à l'agression. Ils avaient prétendu dormir au moment des faits. Mais Akim, qui ne pouvait pas avoir cette excuse puisqu'il était le chauffeur et qu'il conduisait en état d'ivresse, ne fut pas libéré.
Miloud souffrait de plusieurs traumatismes crâniens importants, sans que son pronostic vital ne fût toutefois engagé. Après jugement, au vu de la gravité des blessures, ses agresseurs Khaled et Akim furent condamnés à deux ans de prison ferme.

Chapitre 29

Rien n'allait plus pour Jean-Pierre. Sa maîtresse était enceinte et lui avait demandé de payer l'avortement. Elle l'avait harcelé tant et si bien qu'il avait vidé son compte en banque. Seulement, sa femme avait découvert ses retraits répétitifs. Mis devant les faits, il avait dû lui avouer avoir des dettes de jeu. C'était l'excuse qui lui avait paru la moins difficile à avaler pour son épouse. Il pensait qu'elle serait plus indulgente envers un mari qui s'était laissé aller à miser au poker, lors d'une soirée bien arrosée avec des copains. Plutôt que d'apprendre qu'il la trompait.

Il lui suffisait de lui promettre de ne plus recommencer et la pilule serait ingurgitée. Tandis qu'une femme trahie ne pardonne jamais. Il est plus compliqué d'accorder sa clémence à un mari volage.

Mais rien ne s'était passé comme il l'avait prévu. Apparemment, il ne savait pas mentir si bien que cela.

Son épouse lui fit une scène. Comme tous les couples, il leur arrivait de se disputer, mais là, cela prit une ampleur qu'il

n'avait pas anticipée. Sa femme ne goba pas une seconde son histoire de poker.
D'emblée, elle soupçonna une femme là-dessous.
Elle cria. Le menaça de divorce.
Jamais il ne l'avait vue se mettre dans un état pareil.

– Tu me prends vraiment pour une gourde ! Si tu crois que je vais avaler tes bobards, tu te fourres dedans ! Je te préviens Jean-Pierre, si je découvre que tu m'as trompée, et je le saurai, je te ferai payer très cher ton infidélité ! Et en parlant de payer, tu as intérêt à remettre l'argent sur le compte ! Débrouille-toi comme tu veux, mais ta pute de maîtresse n'a qu'à te le rendre.
– Je t'assure que rien de tout ce que tu imagines n'est vrai, c'est juste une soirée où j'ai un peu trop bu et...
– Tais-toi ! Tu t'enfonces dans tes mensonges. Je t'aurai prévenu...
Et de nouveau des cris. Des insultes. Des menaces.
Quoi qu'il puisse lui dire, elle n'était pas prête à se montrer compréhensive.
Il choisit de se taire.
Que pouvait-il faire d'autres ?
Rien. Attendre que l'orage se passe.
Et après ? Il ne savait pas. Il ne voyait pas d'issue.
Il était dans la merde et ne savait pas comment s'en sortir.
Au boulot non plus cela n'allait pas. Ses planques n'avaient rien donné, ni ses contrôles au bar des « Couleurs ». Et voilà qu'il venait d'apprendre que des types des Stups avaient démêlé une grosse affaire de stupéfiants. Et en plus, ils avaient eu les tuyaux par Miloud, l'indic maintenant devenu agent de sécurité.
Pourquoi n'avait-il rien vu venir ?
Que lui arrivait-il ? Tout foirait dans sa vie. Son boulot. Son mariage. Sa liaison avec Doria.

Doria. Depuis qu'il l'avait rencontrée, tout avait basculé. Elle avait tout changé. Lui qui voulait tout envoyer balader pour commencer une nouvelle vie, eh bien on pouvait dire qu'il avait réussi !

Tout ce qu'il avait construit, s'écroulait désormais.

Comment en était-il arrivé là ?

« Tu es vraiment trop con, mon pauvre Jean-Pierre. »

Il avait beau se sermonner, il était trop tard. Son mariage partait à la dérive. Sa maîtresse s'était bien foutue de sa gueule. Et au commissariat, il se sentait victime d'un complot. On cherchait à le faire tomber.

Pourquoi cette défection ?

Il ne comprenait pas. Il avait toujours bien fait son travail. Pourtant aujourd'hui, on cherchait à l'évincer.

Qui gênait-il ?

C'était bien la question qui le taraudait le plus.

Était-ce la brigade des Stups ? Dans ce cas, cela signifierait que son flair ne l'avait pas trompé. Il avait mis les pieds sur leurs plates-bandes et cela n'avait pas plu.

Et Miloud aussi avait eu son rôle à jouer. Quelle était sa réelle position ? Quels arrangements avait-il négociés avec les Stups ?

Il secoua négativement la tête. Tout partait en couilles.

Meurtri, découragé, il se laissa envahir par une lassitude infinie.

Ce soir-là, il coucha sur le canapé. Sa femme l'avait viré de la chambre.

Le lendemain, aux premières heures du jour, on sonna à la porte.

Jean-Pierre qui n'avait trouvé le sommeil que tard dans la nuit ou plutôt au petit matin, n'entendit pas la sonnerie.

Sa femme alla ouvrir. Deux hommes qu'elle ne reconnut pas se tenaient sur le seuil.

– Bonjour madame, je suis le commandant de police Bernard et je vous présente le capitaine Alain. Nous voulons parler à votre mari ! Il est là ?

Et tout en prononçant ces paroles, il présenta sa carte professionnelle.

– Oui mais vous devez savoir qu'il travaille la nuit et que le matin il dort !

– Oui nous le savons, mais c'est important. Il faut absolument qu'on le voie.

– Très bien, je vais le réveiller !

Elle ne leur proposa pas d'entrer. Elle venait de se rappeler qu'elle avait envoyé son mari dormir au salon. Il aurait été gênant que ses supérieurs hiérarchiques le voient sortir du salon en caleçon. Leurs affaires de couple ne regardaient personne.

– Jean-Pierre ! l'appela-t-elle en le secouant. Il y a le commandant qui te demande.

Son mari sortit de sa torpeur, se frotta les cheveux et lui répondit d'un ton las.

– Tu n'as qu'à lui dire que je le rappellerai !

– Ce n'est pas au téléphone, ils sont devant la porte.

– Qu'est-ce qu'ils viennent faire à la maison ?

– Je n'en sais rien et je m'en fiche ! Mais habille-toi, je les ai laissés poireauter dehors.

– Tu ne les as pas fait entrer ?

– Pour qu'ils découvrent que tu as dormi sur le canapé ?

– Effectivement, ce serait plutôt gênant.

Il se leva et monta à l'étage prendre une douche et s'habiller.

Que lui voulaient-ils, à cette heure-ci et à son domicile ? s'interrogeait-il.

Décidément, rien n'allait. On venait le faire chier jusque chez lui !
Comme s'il n'avait pas assez d'ennuis !
Il râlait.
Mais peut-être se trompait-il. Probablement qu'on avait besoin de lui pour une affaire importante.
Il supputait en se caressant le menton. Il n'avait pas le temps de se raser. Il regarda d'un œil critique sa barbe naissante. Il eut un soupir résigné. Il avait dû se passer quelque chose de grave cette nuit, pour que le commandant se déplace.
Dix minutes plus tard, il était en bas et les faisait entrer.
Qui étaient ces types ?
Jean-Pierre ne les connaissait pas. Ce n'était pas le commandant de sa brigade.
– Bonjour messieurs, que me vaut l'honneur de cette visite si matinale !
– Nous sommes de l'Inspection générale des Services. Nous avons plusieurs questions à vous poser. Vous devez venir avec nous au central.

Là, cela ne sentait pas bon pour son matricule. Cette fois, il était dans les emmerdes jusqu'au cou.

– On m'accuse de quelque chose ?
– Nous verrons ça au commissariat.

Il prit son blouson, suspendu dans le vestibule. Son épouse se tenait là. Il ne faisait aucun doute qu'elle avait entendu la conversation. Elle ne lui posa aucune question. Il accrocha son regard. Ses yeux n'exprimèrent aucune émotion. Il voulut la rassurer.
Mais à quoi bon ?
À cet instant, elle semblait l'avoir balayé de sa vie.

Il était seul. Abandonné par tous. Noyé dans les problèmes qui s'amoncelaient autour de lui.

Comment allait-il s'en sortir ?

Il se laissa gagner par le découragement. Mais une petite voix lui dit de s'accrocher. Oui, il avait de gros soucis mais il ne pouvait être qu'innocent des faits dont on l'accusait.

Et puis, il lui restait le plus important.

Ses enfants.

Et pour ses filles, il trouverait le courage de surmonter cette période noire.

Il ne devait pas capituler.

Se battre.

Ne pas baisser les bras.

Il jeta un dernier coup d'œil à sa maison, comme s'il pensait ne jamais y revenir. Puis, il monta dans la voiture des officiers. La tête basse comme s'il avait quelque chose à se reprocher.

Mais pour ces officiers, n'était-il pas déjà coupable ?

Les coups du sort s'abattaient sur lui.

Chapitre 30

À leur arrivée au central, la porte du garage souterrain se souleva. La voiture emprunta la pente en colimaçon pour accéder au parking en sous-sol. Le véhicule s'immobilisa sur une place au deuxième niveau. Ils prirent l'ascenseur qui les mena au troisième étage.

Jean-Pierre était soulagé de ne pas être passé par l'entrée principale. Il ne tenait pas à être confronté aux regards de ses collègues.

Dans le bureau de l'Inspection générale des Services, le commandant Bernard demanda à Jean-Pierre de s'asseoir.

Pas de vitre, derrière laquelle on pourrait observer l'interrogatoire.

Pas de caméra.

Seulement une table sur laquelle était posé un dossier. En lettres majuscules, on pouvait y lire le nom de Jean-Pierre.

Deux chaises. L'une était occupée par le commandant. Jean-Pierre était assis en face.

L'entretien entre les deux hommes était enregistré, comme le laissait supposer le magnétophone branché.

Le commandant ouvrit le dossier, prit le temps de lire le premier feuillet. Son visage était un masque exprimant une réserve hautaine.

Il régnait un silence absolu.

Après un long moment, il déclara avec brusquerie.

– Vous faites l'objet d'une enquête interne. Vous connaissez une certaine Ben Hamida Doria ?

– Oui, bien sûr ! C'est mon « indic ».

Et nous y voilà ! se dit-il presque soulagé que ses problèmes viennent d'elle. Doria cherchait sans doute à se venger après leur rupture.

La garce ! Il lui avait pourtant donné l'argent.

Alors pourquoi réagissait-elle ainsi ?

– Vous savez qu'elle est en situation irrégulière ? Vous avez fait les démarches pour la régulariser ?

– Oui ! J'en ai parlé à mon commissaire et j'ai demandé à Magali d'ouvrir une procédure afin qu'elle régularise Doria !

– Nous avons vu votre patron. Il nous assure qu'il ne connaît pas mademoiselle Ben Hamida !

Malgré toute la maîtrise qu'il avait de lui-même, Jean-Pierre tressaillit.

Il soupçonnait les gars des Stups de vouloir le faire tomber, mais que le patron fût de connivence, là, cela prenait des proportions qu'il n'avait pas envisagées.

Dans quoi était-il embarqué ?

Soudain, il réalisa qu'il ne pouvait compter sur personne.

Et si, tous, ils étaient impliqués ?

Le patron. Les Stups. Miloud. Doria.

Et peut-être même ses collègues de la BAC.

Qu'avait-il fait pour mériter cela ?

La vérité lui sauta au visage.

Il s'était comporté comme un crétin !
Doria n'était qu'une manipulatrice ! Une menteuse ! Une intrigante !
Il aurait voulu crier sa colère, mais il devait bien reconnaître qu'il était seul coupable de ce qu'il lui arrivait.
Oui, il était seul. Même sa femme ne le soutiendrait pas. Il ne pouvait compter que sur lui-même.
Mais en aurait-il la force ?
Il en doutait.
Cependant, une petite lueur dansa dans ses yeux. Il venait de penser à ses filles. Il savait qu'elles ne l'abandonneraient pas.

Il avala un bon coup de salive, s'efforçant de refréner le frémissement de sa voix.
– Pourtant je la lui ai présentée dans la cour du commissariat. Il y avait même plusieurs témoins !
Sa déclaration fut perdue pour le commandant qui continua sur sa lancée.
– Mais vous-même, avez-vous fait une procédure en ce qu'il la concerne ?
– Non, juste verbale. Mais avez-vous été voir Magali ? Elle a un dossier sur Doria !
– Nous avons consulté tous les fichiers sur l'ordinateur. Il n'y a rien sur Ben Hamida Doria !
La gorge nouée, Jean-Pierre passa un doigt dans le col de sa chemise.
Il sentait le piège se refermer sur lui.
– Mais Magali, qu'est-ce qu'elle vous a dit ?
– Elle est en congé maladie. Elle nous a confirmé qu'elle avait ouvert un dossier sur Doria mais que celui-ci avait disparu de l'ordinateur !
Il ouvrit la bouche pour protester. Mais les mots restèrent coincés dans sa gorge.

Il s'exprima dans une sorte de marmonnement à peine audible.
– Comme par hasard ! Vous ne trouvez pas tout cela étrange ?

L'officier ne releva pas. Il se contenta de le fixer de ses yeux bleu acier.
En fait, il l'examinait. Le jaugeait.
Jean-Pierre entra sans peine dans ses déductions.
Tous les faits l'accusaient.
Il serait amené à tout leur révéler. Il cherchait à le faire tomber en le déstabilisant. Et il réussissait.

Jean-Pierre choisit alors de lui livrer ses conclusions. Mais on percevait la défaite dans sa voix.
– Commandant, j'ai la conviction qu'on cherche à me piéger ?
Les commissures de ses lèvres esquissèrent une grimace. Jean-Pierre vit bien qu'il n'en croyait pas un mot.
– Vraiment ? Vous pensez à une personne en particulier ?

Il nota même dans sa question une pointe d'ironie.
À quoi bon insister ?
Jean-Pierre remarquait bien que l'officier n'était pas prêt à prendre en considération ses présomptions de complot. Il fallait reconnaître qu'il n'avait rien pour étayer ses soupçons.
Toutefois, il se voulut direct. Il n'avait plus rien à perdre. Autant vider son sac.

–Je n'ai pas de noms qui me viennent à l'esprit, mais avec les différentes interpellations pour stupéfiants que mon équipe a faites ces derniers jours, il me semble maintenant évident que je dérange.

– Ces affaires, vous les avez résolues grâce aux informations que vous donnait Doria ?
– La plupart, oui !
– Revenons justement à Doria. Vous n'avez eu avec elle que des relations professionnelles ?

Jean-Pierre fut surpris par cette question.
En même temps lui revinrent en mémoire leurs caresses, leurs baisers. La béatitude après l'amour qu'il ressentait à chaque fois. Il avait ressenti une violente inclinaison pour cette fille. Il s'était jeté à corps perdu dans ses bras. Mais elle était si belle, si jeune... Il n'avait pas réfléchi.
Jamais cet officier ne pourrait comprendre. Lui-même ne s'expliquait pas ce sentiment inconnu qui l'étourdissait quand il était avec Doria.
Comment devait-il répondre ?
Le fait d'avouer sa liaison avec Doria ne pouvait lui apporter que des problèmes. Il décida de nier dans un premier temps.

Mais le commandant semblait avoir une longueur d'avance.
– Pourtant, nous avons fait notre petite enquête. Nous avons interrogé Doria. Elle est enceinte et elle prétend que vous êtes le père.

... Il y eut un silence embarrassé.
Cette fois, il ne servait plus à rien de mentir.
Ils savaient tout.
Mais ce qui inquiétait Jean-Pierre n'était pas le fait qu'ils aient découvert sa liaison avec Doria, c'était ce qu'ils croyaient savoir de lui. Car finalement, si effectivement ils étaient au courant de tout, c'était ce qu'englobait ce TOUT qui l'angoissait.

Que lui reprochait-on enfin ?

Devant son hochement de tête affirmatif et grave, le commandant Bernard reprit son interrogatoire.

– Nous avons également questionné Mohamed Taieb, le gérant du bar « des Amis », à ce sujet. Il paraît que vous lui avez demandé de l'argent pour aider Doria à payer l'avortement. De plus, vous étiez sous écoute téléphonique. Nous avons suivi vos conversations avec Doria.

Jean-Pierre resta interloqué.
On l'avait mis sur écoute, mais pourquoi ?
De quoi le soupçonnait-on, pour être allé jusqu'à demander au juge une commission rogatoire pour épier ses échanges téléphoniques ?
Il ne comprenait pas.
Il était tellement abasourdi, qu'il se demanda s'il devait continuer cet interrogatoire ou faire d'ors et déjà appel à un avocat.
Toutefois, il renonça à observer un mutisme éloquent, cela risquait d'être interprété comme un aveu de culpabilité.
Il choisit donc de répondre.
C'était vrai, il avait eu des relations sexuelles avec cette jeune fille, mais le fait qu'il soit le père restait à prouver.
Il reconnut également avoir demandé à Mohamed s'il pouvait aider financièrement Doria à payer l'avortement.

– Toutefois commandant, tout ceci n'explique pas qu'on m'ait mis sur écoute. Ne tournez plus autour du pot, dites-moi de quoi on m'accuse ?

Le commandant ne lui accorda qu'un regard négligent. Ce qui fit penser à Jean-Pierre que cet interrogatoire n'était qu'une formalité.

Il l'avait déjà jugé coupable. Et quoi qu'il dise ne changerait rien. Il avait maintenant la conviction qu'il quitterait ce bureau les menottes aux poignets.

Et avec quelque chose de bizarrement inquisiteur dans le regard, le commandant lui balança ces mots qui le piquèrent au vif.

– Il nous a été rapporté que vous touchiez personnellement de l'argent des gérants de bar.

Jean-Pierre n'en revenait pas. Il s'attendait à beaucoup de choses mais qu'on l'accuse, lui, d'être un ripou ! Là, c'en était trop. Les bras lui en tombaient.

La stupéfaction passée, il était partagé entre un sentiment de colère et d'anéantissement.

Le temps s'était arrêté pour Jean-Pierre. Sa vie venait d'être balayée en quelques secondes. Tout ce en quoi il croyait s'écroulait.

La loyauté.

La justice.

Pendant trente ans, il avait fait respecter la loi.

Il avait été un bon policier.

Un bon père de famille.

Et aujourd'hui, il ne savait plus très bien qui il était.

Il s'était perdu en route. Mais qu'avait-il pu faire pour tomber aussi bas ? Pour qu'on le juge aussi mal ?

Il se sentit soudain très fatigué.

Le commandant le toisa d'un air réprobateur.

– Vous refusez de répondre ?

Il avait deviné que Jean-Pierre était en proie à un douloureux combat. Le suspect cherchait à gagner du temps. Les moyens de s'en sortir.

Jean-Pierre secoua négativement la tête.

– Je n'ai jamais touché d'argent.

– Ils vous ont pourtant remis des enveloppes ! Que contenaient-elles ?

À partir de cet instant, les réponses de Jean-Pierre étaient devenues automatiques. Comme s'il voulait en finir au plus vite avec cette parodie d'enquête.
– Les papiers administratifs du débit de boissons !
– Pas d'argent ?
– Non, d'ailleurs je leur ai tout de suite redonné les enveloppes !
– C'est vous qui avez payé l'avortement ?
…Un nouveau silence s'installa.
Bien sûr qu'il avait payé ce putain d'avortement ! Et tous ses problèmes avec sa femme venaient de là. Il avait encore en tête leur dispute.
Elle. Ses cris. Ses menaces.
Lui. Ses mensonges. Son sentiment de culpabilité. Ses regrets.
Et maintenant, il était assis dans un bureau, devant un officier de l'Inspection général des Services et il devait se justifier.
Pour sa liaison extraconjugale
Pour l'argent.
À cause de Doria.
Le commandant, constatant que Jean-Pierre ne répondait pas, ajouta qu'il avait consulté ses relevés de compte et qu'il avait remarqué qu'il avait retiré avec sa carte bancaire huit cents euros en plusieurs fois, ce qui correspondait au prix de l'avortement !
Jean-Pierre se contenta d'acquiescer dans un soupir résigné.
– Vos relations avec la nommée Doria Ben Hamida allaient bien au-delà du professionnel… conclut le commandant d'un ton faussement outragé où perçait la raillerie.
Puis sans même lui prêter un regard, il lui demanda vertement.

– Votre arme de service est dans l'armoire forte du commissariat ?
– Oui ! Mais de quoi m'accuse-t-on ?
– Vous avez aidé une personne en situation irrégulière et vous ne l'avez pas signalée !
– Mais c'est faux ! Je l'ai signalée à mon patron ainsi qu'à Magali du service des étrangers !
– Il n'y a aucune preuve !
– Bien sûr, les preuves on les a supprimées !
– L'enquête le dira, mais on vous soupçonne également d'avoir touché de l'argent des gérants de bar !
– N'importe quoi ! Je n'ai jamais touché de l'argent. Vous me l'avez déclaré, vous avez vérifié mes comptes bancaires et si vous aviez trouvé un virement suspect, vous me l'auriez dit, je suppose.
Et dans le cas où je touchais des enveloppes des gérants, voulez-vous m'expliquer pourquoi j'aurais retiré huit cents euros avec ma carte alors que j'avais de l'argent liquide !

Surtout qu'en agissant ainsi j'éveillais les soupçons de mon épouse. Alors vous voyez, ça ne tient pas debout votre histoire de pots-de-vin.
– Pour la deuxième accusation, nous n'avons pas de preuve. C'est pour cette raison que vous n'êtes poursuivi pour le moment que pour l'aide à une personne en séjour irrégulier... Vous pouvez me donner votre carte professionnelle ? Vous êtes placé en garde à vue !

Jean-Pierre, stupéfiait par ce qu'il venait d'entendre, resta sans voix. Une fois le choc passé et après avoir remis sa carte de police, il demanda à téléphoner à sa femme. Ce qu'on lui accorda.

Chapitre 31

Il prit son portable et l'appela.
– Marie ! C'est moi, j'ai une mauvaise nouvelle à t'annoncer... Non, attends, ne raccroche pas ! C'est important. J'ai un problème au boulot.
– Cela ne me concerne plus. On s'est déjà tout dit. C'est fini entre nous.
– J'ai bien peur que tu ne sois pas épargnée quand l'affaire éclatera au grand jour.
– De quoi parles-tu ? Qu'est-ce que tes affaires de cul ont à voir avec le commissariat ?
– Tout, je le crains.
– Que te voulaient ces types qui sont venus ce matin, à la maison ? J'ai cru comprendre qu'ils étaient de l'IGS. Ils ont parlé d'une certaine Doria. Qui est cette fille ? C'est elle ta maîtresse ?
– Je vais tout t'expliquer. Mais avant je veux que tu saches que ce n'était qu'une aventure. Une belle connerie en vérité.
– Ça, tu peux le dire !
– Mais je ne l'aime pas, c'est toi la femme de ma vie.

– Tu aurais dû t'en rendre compte avant, c'est un peu tard maintenant, tu ne crois pas ?
– Je suis placé en garde à vue !
Silence.
– Marie, je t'en prie ne m'abandonne pas. J'ai besoin de toi, sinon je vais craquer.
– Tu n'as qu'à appeler ta maîtresse, à moins qu'elle t'ait largué, elle aussi.
– Elle est en situation irrégulière. Elle travaillait comme serveuse dans un bar que j'ai contrôlé, c'est comme ça que je l'ai rencontrée.
– Et c'est à cause d'elle que tu as ces ennuis ? Mais qu'est-ce qu'on te reproche au juste ?
– On me reproche de l'avoir aidée sans en avoir avisé l'administration !
– Hum ! Décidément, elle t'a vraiment tourné la tête ! Pour une jeunette, tu as foutu en l'air ton foyer et ta carrière, eh bien bravo ! Maintenant, si tu es dans la merde tu l'as bien cherché. Tu t'es mis toi-même dans cette situation, tu n'as qu'à te débrouiller tout seul pour en sortir. En tout cas, faudra pas compter sur moi !
– Marie, donne-moi une chance…
Mais elle avait déjà raccroché.

Jean-Pierre fut conduit à la prison du central, en empruntant un escalier exigu. Un gardien de la paix l'accueillit. Il le considéra un instant avec malaise puis, il lui demanda de vider ses poches. Ils ne se connaissaient pas, malgré tout il était toujours difficile de mettre un collègue en geôle. On devinait sur les visages des deux hommes la désillusion. Ce boulot qu'ils aimaient tant, mais dont il ne fallait attendre aucune reconnaissance ni indulgence.

Le gardien fit l'inventaire des objets que Jean-Pierre avait sur lui et renseigna la fiche de fouille.

Celui-ci dut enlever les lacets de ses baskets et sa ceinture, au cas où il lui prendrait l'envie de s'étrangler avec.
Cela le fit presque sourire.
Dans sa situation, il reconnut qu'il se sentait enclin à faire une connerie. Au point où il en était, il se disait qu'après tout ce serait la solution pour tirer un trait sur ses emmerdes. Surtout que personne ne le regretterait. C'est dire si son moral était à zéro.
Comme d'ailleurs son compte en banque.
Son couple réduit à néant.
Sa carrière salie, ruinée.
Oui ! En finir une bonne fois pour toutes et il serait en paix.
Il signa l'imprimé que lui tendit le gardien. Il haussa les épaules comme pour signifier que tout cela n'avait plus d'importance. Plus rien d'ailleurs n'avait d'importance puisqu'il avait tout perdu. Mais son soulagement passager s'évanouit quand les portes de la cellule se refermèrent sur lui. Il se pinça les lèvres pour ne pas pleurer. Il esquissa un petit geste de dédain avec sa main pour que le gardien s'en aille et le laisse enfin seul. Il ne voulait pas donner en spectacle sa détresse. Il n'avait pas besoin de sa pitié.
Ceux qui comptaient pour lui l'avaient abandonné.
Il s'assit sur la couchette, enfouit sa tête dans ses mains et se laissa gagner par le découragement. Il resta un long moment dans cet état de prostration et d'infinie lassitude.
Combien de temps exactement ?
Il ne savait pas. Qu'importe !
Enfin, il ouvrit les yeux, se tâta le cou endolori, afficha un visage raviné, épuisé. Conséquences d'une matinée lourde en émotions.
L'ombre de la révolte passa sur son front.
Les murs de la cellule étaient d'un gris sale.
Le matelas, d'un orange douteux, sentait la pisse de chat.

Et des relents de vomis lui donnaient la nausée. Ce qui lui fit supposer qu'un poivrot avait dû le précéder dans ces murs.

Décidément, rien ne lui serait épargné.

Il frissonna et ramena à lui la couverture de survie.

Chapitre 32

Dans l'après-midi, Didier et Patrice furent convoqués au central pour y être auditionnés.
Didier entra le premier dans le bureau du commandant Bernard.
– Vous savez pourquoi je vous ai fait venir ici ?
– Non, pas trop !
– Nous avons placé Jean-Pierre Lopez en garde à vue !
Stupéfaction ! Didier mit quelques secondes pour encaisser la nouvelle.
– On lui reproche d'avoir aidé une jeune fille qui se trouve en situation irrégulière. Il est également soupçonné de toucher de l'argent de certains gérants de bar ! Vous connaissez mademoiselle Doria Ben Hamida ?
Didier déglutit.
– … Oui, bien sûr !
– Je vais être franc avec vous…
Il planta son regard dans celui du gardien de la paix puis le mit en garde d'un ton solennel.
– … Il va falloir jouer cartes sur table avec moi et me dire toute la vérité.

Sinon, vous pourriez également vous retrouver en garde à vue !

– En garde à vue ? Et pour quelle raison ? demanda Didier, d'une voix mal assurée.

– Vous êtes un des fonctionnaires qui tournaient le plus souvent avec Jean-Pierre Lopez. Vous avez été témoin de certains faits.

– Quels faits ? Nous n'avons pas assisté à des transactions suspectes !

– Vraiment ? Vous connaissez Mohamed Taieb, le gérant du bar « des Amis » ?

– Oui ! Jean-Pierre l'a contrôlé plusieurs fois !

– Il ne lui a jamais remis d'enveloppe ?

Didier récapitula mentalement. Effectivement, il y avait eu ce fameux soir où Jean-Pierre avait donné une enveloppe à Doria. Il l'avait d'ailleurs questionné à ce sujet, et son chef s'était montré évasif. Mais là, le commandant faisait allusion à une enveloppe remise à Jean-Pierre par le gérant.

Didier gambergeait dans sa tête.

Qui avait parlé de ça à l'IGS ?

Ce ne pouvait pas être Patrice, il ne l'avait pas encore interrogé.

Alors qui ?

Deux noms lui vinrent de suite à l'esprit.

Mohamed. Doria.

Il resta un moment silencieux à choisir ses mots avec soin.

– … Non ! La seule enveloppe qu'il nous a remise contenait les papiers administratifs du débit de boissons !

– Vous avez regardé à l'intérieur ?

– Non, c'est Jean-Pierre qui l'avait en main !

– Donc vous ne savez pas si elle contenait de l'argent ?

– Non, mais cette enveloppe il l'a rendue immédiatement

à Mohamed. S'il avait pris de l'argent, on l'aurait vu ou alors il doit être prestidigitateur ! dit-il goguenard
Le commandant le toisa d'un air réprobateur.
– Mais vous-même, ce Taieb vous a offert une bouteille de champagne !
– Une bouteille de champagne ?...
Il haussa le sourcil, interrogateur.
Où voulait-il en venir ce commandant ?
Que cherchait-il à insinuer ?
Ses manières restaient courtoises mais il fut pris d'une immédiate aversion pour lui. Il devait se tenir sur ses gardes.
Aussi prit-il le temps de réfléchir sérieusement à la question.
Il se rappelait ce soir-là, où Mohamed avait voulu se montrer reconnaissant en leur faisant un cadeau pour les remercier de lui avoir laissé le temps de se mettre en règle. Seulement, on pouvait mal interpréter son attitude.
Didier choisit malgré tout de dire la vérité en espérant convaincre de sa bonne foi. Il venait de comprendre qu'il était vain de nier, l'IGS semblait bien renseignée.
– Ah oui, celle-là ! dit-il d'un ton badin. Mohamed a voulu nous la donner dans le bar. Nous avons refusé. Nous sommes sortis du bar et nous sommes remontés dans notre voiture. Mais il est revenu à la charge. Il a insisté et sans attendre notre réponse, il a déposé la bouteille dans notre véhicule entre mes jambes et il est retourné dans le café. Il nous a mis devant le fait accompli !
– Oui, mais c'est de la corruption !
Didier rétorqua, non sans une pointe de malice.
– Oui, au même titre que les bouteilles offertes au commissariat à la fin de l'année !
– Bon, passons ! Revenons à Doria. Vous saviez que votre chef avait des relations sexuelles avec elle ?

– On s'en doutait mais sa vie privée ne nous regarde pas !
– Oui, sauf quand la fille est en situation irrégulière et qu'il n'a rien fait pour régulariser la situation de cette jeune fille !
– Pourtant il est allé voir Magali du service des étrangers. Elle a dû ouvrir une procédure. Il en a parlé aussi au patron dans la cour du commissariat.
– Vous étiez présent ?
– Non, mais René m'a dit qu'il avait assisté à cette scène !
– Très bien, je lui demanderai ! En tout cas, il n'y a aucun écrit sur Doria. A-t-il fait une procédure concernant cette fille ?
– Je ne pense pas, Jean-Pierre n'aime pas la paperasse. À chaque interpellation, c'est rarement lui qui tape la saisine.
– Vous êtes au courant que Doria est enceinte et qu'elle a demandé de l'argent à Lopez pour payer l'avortement ?
– Non, vous me l'apprenez !
– Bon, très bien, j'imprime votre audition et vous allez la signer. En sortant dites à votre collègue Patrice de venir.

L'audition de Patrice fut de la même teneur et les réponses furent à peu près identiques. Le commandant Bernard convoqua René dans son bureau pour lui demander s'il avait bien vu, dans la cour du commissariat, Jean-Pierre Lopez présenter Doria au patron.

René répondit par l'affirmative.

Jean-Pierre en garde à vue !
René n'en revenait pas.

D'accord, il avait une liaison avec une sans-papiers, mais son chef avait pris contact avec le service des étrangers et le patron était au courant, quoi qu'il en dise. De cela René n'en démordait pas. Il savait que là-haut, « les têtes pensantes » n'apprécieraient pas son témoignage mais c'était la vérité, il

avait vu Jean-Pierre parler au patron dans la cour du commissariat et Doria était présente.
Cela allait sûrement lui retomber dessus !
Seulement, il ne pouvait pas les laisser enfoncer Jean-Pierre de la sorte. Merde ! C'était un bon brigadier-chef, il ne méritait pas ce qu'il lui arrivait. Bien sûr, il y avait sa liaison avec cette fille... Là, il n'aurait peut-être pas dû ! Il avait déconné certes, mais de là à se retrouver en garde à vue, il y avait de la marge. L'IGS n'avait pas hésité une seconde. C'était toujours pareil quand il s'agissait d'un policier, on le chargeait au maximum tandis que ses supérieurs ouvraient le parapluie.
Après on s'étonne qu'il y ait un malaise dans la fonction, et que dire du nombre de fonctionnaires de police qui se suicident.
Quarante-sept depuis le début de l'année ! fulminait René.
Il y a de quoi se poser des questions ! Mais là-dessus l'IGS ne mène pas d'enquête. Dommage ! Cela ferait peut-être avancer les choses et l'ambiance dans les commissariats s'en porterait mieux.
René continuait de ruminer ses idées noires. Il revécut en pensée ces deux dernières semaines. Des bruits couraient au commissariat. On soupçonnait une enquête interne et des noms avaient été prononcés. Et celui de Jean-Pierre avait été cité en premier. René culpabilisait.
Pourquoi n'avait-il rien dit ?
Mais comme les autres, il ne savait rien.
Oui mais il aurait dû l'avertir que quelque chose se tramait.
Mais de quoi s'agissait-il au juste ? Il n'en avait aucune idée. Comme les autres, il supputait alors.
Et puis, il se souvint de ce soir où il patrouillait et Jean-Pierre avait surgi sur le trottoir. Il sortait d'un immeuble,

seul, à deux heures du matin. Sa présence l'avait étonné. Le lendemain, il s'était rendu à cette adresse et Doria lui avait ouvert la porte. À cet instant, René avait tout deviné. Jean-Pierre avait une liaison avec cette fille et elle lui avait fait mention d'une enveloppe.
« Il vous a remis l'argent ? » avait-elle demandé.
Il avait tressailli.
De quel argent voulait-elle parler ?
Cette question l'avait taraudé et il avait décidé de s'entretenir à ce sujet avec Jean-Pierre. Mais les événements s'étaient enchaînés et il n'avait pas trouvé l'occasion d'évoquer ce point avec lui.
Il n'avait pas pris le temps de le faire, se culpabilisait-il toujours et encore.
Et maintenant, il était trop tard.
Mais le fait d'en parler, aurait-il changé les choses ?
Allez savoir !
Indubitablement, Jean-Pierre avait été négligent dans cette affaire. Comme à son habitude, il avait laissé traîner les papiers de la régularisation. C'était bien de lui ça ! Prompt à intervenir sur les missions, mais dès qu'il s'agissait de mettre à jour les dossiers, Jean-Pierre remettait invariablement au lendemain.
Pourquoi ne s'était-il pas confié à ses hommes ?
Il n'était pas le premier, et ne serait sûrement pas le dernier, à avoir des aventures extraconjugales.
Ils ne l'auraient pas jugé. Certainement l'auraient-ils mis en garde sur le fait qu'elle n'était pas en règle et que ça risquait de lui attirer des ennuis. Mais tout cela il devait le savoir, seulement il n'avait pas voulu y réfléchir.
Toute cette histoire était absurde ! soupira René. Il ne comprenait pas comment un type comme Jean-Pierre, sérieux dans son travail, père de famille, avait pu se laisser embarquer par cette fille. Il fallait qu'il ait de la merde dans

les yeux pour ne pas voir qu'elle ne cherchait qu'à le piéger. Elle s'était servie de lui et il avait plongé les yeux fermés.

Quel gâchis !

Chapitre 33

Jean-Pierre avait été transféré à la maison d'arrêt depuis plusieurs jours. Il était placé en cellule d'isolement.
On tira le verrou. Ce n'était pourtant pas l'heure de la promenade.
Le gardien eut un regard bienveillant.
– Vous avez de la visite.
Jean-Pierre allait lui demander de qui il s'agissait mais se retint.
Après tout, cette visite lui faisait plaisir. Il y avait au moins une personne qui ne l'avait pas oublié. Peut-être un collègue. Surtout qu'il n'avait eu de contact avec aucun d'eux depuis son arrestation. Tout s'était passé si vite. Il avait cependant appris qu'une vingtaine de policiers de son commissariat étaient venus devant la maison d'arrêt pour marquer leur soutien.
Doria était tombée enceinte. Il avait payé l'avortement et cela avait été l'engrenage. Sa femme avait découvert sa liaison, il y avait eu cette scène terrible où elle lui avait dit des mots horribles qui résonnaient encore dans sa tête. Il avait

passé sa dernière nuit à son domicile sur le canapé du salon. Le lendemain, on avait sonné à la porte. C'était l'Inspection générale des Services. Après un interrogatoire bâclé, il s'était vu mettre en garde à vue et cela avait été le placement en détention.

Il s'était passé cinq jours depuis, et il n'avait vu personne. Il était en isolement, le régime prévu pour tous les policiers incarcérés. Alors, cette visite était inespérée.

Il suivit le gardien d'un pas alerte. Sa curiosité était exacerbée. Il traversa un couloir de cellules. On n'entendait que le cliquetis des clés qu'on agitait, des serrures qu'on déverrouillait. C'était devenu un rituel bien huilé et c'était désormais le quotidien de l'ancien chef de la BAC.

Mais aujourd'hui, il allait au parloir.

Le gardien sonna à une porte. Il appuya sur le bouton de l'interphone.

– Le détenu Jean-Pierre Lopez.

La porte se déverrouilla. Le gardien confia Jean-Pierre à son collègue du parloir. Il y avait plusieurs box, séparés par une vitre. Le gardien désigna l'un d'eux à Jean-Pierre.

Il allait enfin savoir qui était la personne qui ne l'avait pas oublié. Encore quelques secondes pendant lesquelles défilèrent des visages devant ses yeux.

Delphine, Mélanie, Stéphanie.

Ses filles.

Mais sa femme lui avait dit qu'elle ne voulait pas qu'elles voient leur père derrière les barreaux. Lui-même avait approuvé. Il ne voulait pas leur imposer cette épreuve.

Doria.

Mais l'enquête avait confirmé sa situation irrégulière sur le territoire français et elle avait été placée en rétention.

Il repensa à ses collègues.

Quelles conclusions tiraient-ils de son arrestation ?

Le croyaient-ils coupable ? Avaient-ils témoigné contre lui ?

Le commandant avait fait allusion à une enveloppe remise par Mohamed, le gérant du bar « des Amis ». Or, il se souvint que Patrice et Didier étaient présents ce soir-là. Ils avaient donc parlé.
En quels termes ? L'avaient-ils enfoncé ? Ou s'étaient-ils contentés de répondre aux questions de l'IGS ?
Il y avait six box en tout. Tous occupés sauf le quatrième. Son box. Une personne était assise de l'autre côté de la vitre. Elle l'attendait, Marie, son épouse.
Elle lui avait pourtant dit qu'il n'existait plus pour elle.
« C'est fini ». C'était ses derniers mots au téléphone. Après, il avait été placé en garde à vue, les visites interdites.
Son cœur cognait contre sa poitrine.
Sa femme l'aimait-elle encore ? Lui avait-elle pardonné ?
Ses jambes tremblèrent doucement. Il se laissa tomber sur la chaise et dut faire un effort considérable pour refréner son émoi. Des larmes lui brouillèrent le visage. Il se sentait pitoyable. Si misérable. Il prenait conscience du mal qu'il avait occasionné à ceux qu'il aimait.
Sa femme. Ses enfants.
Jusqu'à présent, il s'était posé en victime. Oui, les « Stups », Miloud, Doria l'avaient piégé. Mais il avait eu des relations avec une étrangère en situation irrégulière au mépris de la loi. Au mépris de son mariage.
Il avait trahi, menti, trompé.
Alors, oui, il était coupable.
Il avait envie d'implorer son pardon mais les mots restèrent coincés dans sa gorge.
Il prit le combiné et attendit que sa femme parle la première.
Elle décrocha le téléphone.
Ses manières étaient détachées cependant, nulle colère ne transparaissait. Elle semblait calme mais fatiguée. Maintenant qu'il la regardait avec attention, il remarqua des cernes sous ses

yeux. Signe qu'elle n'avait pas beaucoup dormi ces derniers jours.
– Elle avait pleuré. Cette constatation lui fit mal.
– Comment vas-tu ?
Il se contenta de hausser les sourcils en soupirant.
– Tu manges un peu ?
Elle prenait naturellement de ses nouvelles comme si elle rendait visite à un malade. Il n'osait pas entamer le sujet de son arrestation. La conversation aurait été automatiquement orientée vers Doria et il voulait éviter de la mentionner. Il n'avait pas la force de subir les récriminations de son épouse.
– J'ai pris contact avec un avocat. Il m'a été recommandé par ton syndicat.
– Bien, je te remercie.
Son épouse était bienveillante, elle avait décidé de l'aider. Il lui en était reconnaissant. Mais il avait besoin de se justifier. Il voulait qu'elle sache qu'il regrettait. Il s'en voulait de la faire souffrir. Non, il n'avait pas voulu ça. Certes, il avait succombé au charme de cette fille, mais il n'avait jamais cessé de l'aimer.
Les pensées se bousculaient dans sa tête. Il avait tant de choses à lui dire. Mais il ne savait pas par où commencer.
Alors, elle prononça les mots qu'il attendait.
– Je te connais Jean-Pierre, je sais que tu es innocent des faits qu'on te reproche. Tu es un honnête homme, enfin… en ce qui concerne les pots-de-vin que tu aurais soi-disant perçus.
À cela je n'y ai jamais cru.
Et je ferai tout mon possible pour te sortir de cet endroit.
Elle eut un sanglot.
Jean-Pierre crut bon de lui confier ses sentiments.
– Marie, je t'ai toujours aimée. Il faut me croire. Ce qui s'est passé avec Doria n'était qu'une bêtise. Elle m'a séduit et j'ai été faible mais tout ça, c'est terminé, je te jure que je ne recommencerai plus.
– Jean-Pierre !

Elle l'interrompit, une main levée.
– L'important dans l'immédiat est de prouver ton innocence. Pour le reste… je ne sais pas si je pourrai te pardonner un jour. Tu as trompé la confiance que j'avais en toi. Quelque chose s'est brisé entre nous…
– Marie, si tu savais comme je regrette.
– Moi aussi je regrette… bon, je dois partir. L'avocat m'a dit qu'il viendrait demain te voir.
– Combien cela va-t-il nous coûter ? s'enquit-il un regret dans la voix.
– Ne te préoccupe pas de ça. Tes parents vont nous aider.
– Comment ont-ils pris la chose ?
Elle haussa les épaules.
– Ils sont anéantis, comme nous tous. Mais nous sommes une famille et nous ferons front avec toi.
Une famille !
Aucun mot ne pouvait lui faire plus plaisir.
Il n'était plus seul.
Tout à coup, il retrouva espoir. Peut-être que la vérité allait triompher finalement.
Ils se quittèrent sur un simple « au revoir » de Marie et sur un « je t'aime » de Jean-Pierre, mais ses mots furent perdus pour elle.

Cependant, elle était venue le voir. Le soutenait. Croyait en lui.
Il n'en fallait pas plus à Jean-Pierre pour retrouver le sourire.

Chapitre 34

Miloud descendit d'un pas rapide l'escalier de son immeuble, il sauta même les dernières marches et choisit de finir en se laissant glisser sur la rampe d'escalier. Il était tout joyeux. Et il avait toutes les raisons de se réjouir. Son plan avait bien fonctionné. Même mieux que ce qu'il espérait. Jean-Pierre avait cessé de le faire suivre et pour cause, il en avait reçu l'ordre du patron. Mais le plus incroyable c'était que lui, simple agent de sécurité, petit jeune de la cité, avait réussi à retourner la situation contre le chef de la BAC. Il avait fait peser les doutes sur lui et le commissaire avait tout gobé. Cela avait été même trop facile de leur faire avaler que Jean-Pierre trempait dans les affaires. À y repenser, Miloud se demandait si le patron ne cherchait pas un prétexte pour le faire tomber. C'est vrai quoi, Jean-Pierre avait jusqu'ici été un fonctionnaire exemplaire.

Il obtenait de bons résultats.

Il était aimé de ses collègues.

Alors pourquoi la hiérarchie choisissait-elle aujourd'hui de l'écarter ?

Jean-Pierre semblait gêner.
Mais qui ?
Et encore une fois, pourquoi ?
Miloud soupira et se dit que quelle qu'en soit la raison, la décision du commissaire de surveiller Jean-Pierre lui avait rendu service, mieux même, elle lui avait sauvé la mise. Depuis que Jean-Pierre exerçait une surveillance étroite sur les dealers de la cité, Miloud ne pouvait plus exercer son trafic de stupéfiants. Pourtant, sa couverture était parfaite, il avait même pris un travail à Auchan en plus de sa fonction d'agent de sécurité.
Mais Jean-Pierre n'avait pas été dupe.
Il avait fini par tout découvrir ce con !
Miloud servait d'indic mais il choisissait qui dénoncer. C'est-à-dire ceux qui ne marchaient pas avec lui. Et pendant que les flics coinçaient les dealers qui lui faisaient de la concurrence, Miloud pouvait continuer son petit trafic tranquillement.
Tout était arrivé par la faute de cette fille.
Doria.
Une serveuse bien roulée et surtout pas farouche. C'était plutôt le contraire. À ce qu'il avait appris, elle arrondissait ses fins de mois en faisant des passes. Lui-même avait voulu se la faire, mais elle avait refusé. Alors que cette salope se faisait enfiler par un flic.
Et pas n'importe lequel, le chef de la BAC !
Celui-là même qui lui collait aux basques.
Miloud en était sûr. Tout était de la faute de Doria.
C'était à cause d'elle si Jean-Pierre s'était mis à le soupçonner.
Et c'était encore à cause d'elle si des mecs l'avaient passé à tabac.
Il s'était promis de le leur faire payer.
Aujourd'hui, Miloud avait sa vengeance. Jean-Pierre était incarcéré et Doria allait être expulsée.
Tout allait donc pour le mieux.

Cependant, une question le tracassait. Le fameux soir, où il avait surpris Jean-Pierre avec Doria dans le bar « des Couleurs », n'avait été que pur hasard. En effet, il évitait d'aller y boire un verre depuis qu'il savait que Doria fréquentait un flic. Mais ce soir-là, il avait un rendez-vous d'affaires. Son complice, qui l'approvisionnait, avait l'habitude de le rencontrer dans ce bar. Il aurait pu l'appeler et changer de lieu mais Miloud craignait que son complice ne se doute de quelque chose et ne laisse tomber la transaction. Or, c'était un de ses meilleurs fournisseurs. Il avait donc maintenu le rendez-vous au bar « des Couleurs ». Seulement, au moment où Miloud arrivait, il avait vu Jean-Pierre entrer dans le bar. Il s'était aussitôt caché dans la ruelle, préférant différer son entrevue tant que le chef de la BAC était là. Sur ces entrefaites, il en avait profité pour l'espionner. Cette situation l'avait d'ailleurs plutôt amusé car les rôles étaient pour une fois inversés.

Il s'était alors produit une chose à laquelle Miloud ne s'attendait pas.

Jean-Pierre avait remis une enveloppe à Doria. Cette dernière l'avait ouverte, elle contenait plusieurs billets d'euros. Après un premier instant de stupéfaction, une petite lueur s'était rapidement faite dans sa tête. Il tenait là un témoignage qui pouvait mettre fin à la carrière du chef de la BAC et ainsi s'en débarrasser définitivement.

Tout en se dirigeant vers l'immeuble déserté, il récapitulait les derniers rebondissements. Il avait contribué à mettre un flic sous les verrous. Il n'en revenait toujours pas.

Cela avait été une coïncidence si improbable qu'il se fût trouvé au bon endroit et au bon moment quand Jean-Pierre remettait de l'argent à Doria !

Il eut un rire prompt.

Le plus incroyable dans cette histoire, c'était que Miloud avait bénéficié de l'aide des Stups pour mettre hors course Jean-Pierre. En réalité, il avait suffi à Miloud de tuyauter des flics sur un des leurs pour que le chef de la BAC fasse l'objet d'une enquête interne. Hilarant !

Pourtant bien des questions restaient posées.

Miloud n'avait pas osé demander les résultats de l'enquête aux trois gars des Stups avec lesquels il avait passé un accord. D'abord ils l'auraient certainement envoyé balader, et deuxièmement ils semblaient satisfaits de l'éviction du chef de la BAC, alors il n'avait pas besoin d'en savoir plus. Finalement tout le monde y trouvait son compte.

Toutefois, il ne pouvait s'empêcher de s'interroger sur les dessous de cette affaire. Et particulièrement au sujet de cette enveloppe.

Qu'est-ce que cela signifiait ?

Jean-Pierre payait-il Doria parce qu'elle était son « indic » ou bien trempait-il lui aussi dans quelques vilaines affaires ?

D'un coup, Miloud ne se sentit plus aussi sûr de lui. L'idée que Jean-Pierre puisse être le chef d'un trafic n'était pas pour le rassurer, car en l'évinçant Miloud venait peut-être de se faire des ennemis dans le milieu, bien plus inquiétants que le flic lui-même.

Une sourde inquiétude le gagna. Une sourde inquiétude qui avait fort à voir avec la peur.

Un autre nom lui vint à l'esprit.

Il avait donné aux Stups Julien et grâce à son témoignage, ils avaient démantelé un gros trafic de stupéfiants.

En y repensant, il se dit qu'il n'aurait peut-être pas dû.

Et puis, il se rassura en se disant que son nom n'était pas apparu dans l'enquête, tout le mérite en était revenu aux gars des Stups. C'était d'ailleurs un point marquant de leur accord.

Personne ne le soupçonnerait donc.

Les mains dans les poches de son sweater à capuche, il marchait maintenant dans une rue sombre, sans éclairage, qui menait à des immeubles en voie de destruction. Là, vivaient des squatters. L'endroit était propice aux trafics de tous genres.

Il régnait un silence absolu.
Pas une voiture. Personne. Point d'aboiement. Pas même un chat.
Toutefois plutôt que de l'inquiéter, cette désertion rassurait Miloud. C'était la preuve qu'il n'était plus filé.
Il eut un sourire malicieux. Les affaires reprenaient.
Il avançait sans hâte. Sans crainte.
Pourtant...

Il n'était plus qu'à quelques mètres du bâtiment et toujours pas de lumière. Il devait être le premier, conclut-il. C'est alors qu'une grosse cylindrée noire roula dans sa direction. Miloud ne l'avait pas vue car elle avait les feux éteints.
Il n'eut pas le temps de s'interroger. Tout se passa très vite. La voiture alluma ses phares, accéléra et fonça sur lui. Aveuglé, il resta pétrifié au milieu de la route. Arrivée sur lui, la voiture fit une embardée sur le côté, en même temps, la vitre électrique arrière descendit.
Apparut le canon d'une kalachnikov.
Miloud ne vit rien de la scène.
Il y eut un flash. Une mortelle mitraille.
Des balles transpercèrent son torse. Il tressauta.
Il ne comprit pas ce qu'il lui arrivait.
Puis, tout devint noir. Il s'écroula sans un mot.
Des projectiles avaient vraisemblablement perforé les poumons car de l'air s'échappait de deux orifices en sifflant. En jaillissait une abondante écume teintée de rouge. Un filet de sang s'écoulait également de sa bouche béante. Ses yeux grands ouverts semblaient exprimer l'incompréhension.
Ses questions resteraient définitivement sans réponse.
Qui ? Pourquoi ?
Il n'aurait peut-être pas dû...
Les tirs d'une intensité exceptionnelle réveillèrent les ha-

bitants qui ouvrirent leurs volets et assistèrent à la mort commanditée de Miloud.
La voiture fila à vive allure et sortit de la cité.

Les policiers furent dépêchés sur les lieux de la fusillade. En arrivant, ils aperçurent un corps étendu sur le dos. Ils s'approchèrent et constatèrent avec effroi que la victime était Miloud. Ils avisèrent les autorités et en attendant l'arrivée des officiers du quart de nuit, de l'IJ (Identité Judiciaire) et du médecin légiste, Marc fit les premières constatations.

D'après des témoins qui habitaient le quartier, plusieurs coups de feu étaient partis de la vitre arrière d'une grosse cylindrée de couleur noire. La puissante voiture avait foncé sur la victime qui longeait un local associatif. L'homme avait vacillé quelques secondes avant de s'écrouler au sol. La voiture n'avait pas freiné sa course et avait disparu au coin de la rue. Les témoins n'avaient pu voir le visage des individus qui se trouvaient à l'intérieur car ils étaient cagoulés.

Marc constata que plusieurs impacts de balles se trouvaient sur la porte vitrée du local, comme tirées en rafale. De nombreuses douilles jonchaient la chaussée.

D'après le calibre, les balles semblaient provenir d'un fusil d'assaut.

Après l'arrivée des policiers de l'IJ, le médecin légiste constata la mort de Miloud par plusieurs balles au torse. Il rédigea l'acte de décès et le corps fut enlevé par les pompes funèbres.

Chapitre 35

À partir de ce moment, les événements s'enchaînèrent à une cadence accélérée.

Le lendemain de la mort de Miloud, dans l'après-midi, le commissariat de la localité varoise vécut dans l'effervescence. La brigade criminelle de Marseille prit les choses en main. La police scientifique et les enquêteurs effectuèrent un travail remarquable.

Les indices s'accumulaient.

Tous les soupçons se portaient sur un gang de malfaiteurs connus des services de police pour des affaires de stupéfiants.

En effet, de nombreuses empreintes avaient été décelées sur les douilles. De plus, un témoin s'était présenté le matin et avait donné le signalement du véhicule, une BMW de couleur noire de forte cylindrée, et son immatriculation.

Il s'agissait d'un homme qui promenait son chien. Paniqué par la scène à laquelle il venait d'assister, il avait détalé et était rentré chez lui. Ledit véhicule, comme ils le présumaient, était signalé volé depuis trois jours. On venait de les prévenir qu'on l'avait retrouvé à Marseille, stationné régulièrement rue de Rome.

Après recherches dans l'habitacle, ils relevèrent des traces papillaires qui correspondaient aux traces digitales laissées sur les douilles. Ils avaient également découvert dans le coffre un fusil d'assaut, une kalachnikov.

Ces indices leur permirent de remonter jusqu'aux tueurs présumés. Tout semblait accuser des complices du fameux Julien, arrêté par les Stups, grâce aux renseignements de Miloud.

Miloud était un indic.

Selon toute apparence, la nouvelle s'était répandue dans le milieu et lui avait coûté la vie.

Cet après-midi-là, dans le bureau du commissaire Fagard, défilèrent l'IGS, la brigade criminelle et les Stups de Marseille.

L'autopsie avait démontré que les balles qui avaient tué Miloud étaient de calibre 7,62 x 39 mm M43 provenant d'une kalachnikov. La caractéristique principale de cette munition est sa grande capacité de pénétration. Après l'étude balistique de l'arme, la preuve scientifique était faite. Il s'agissait de la même arme que celle retrouvée dans le coffre de la BMW volée.

L'affaire prenait des proportions à échelle nationale. De la drogue transitait de la Hollande à Marseille et était revendue dans toute la région PACA. Les Stups avaient mis la main sur tout un réseau de trafiquants.

On s'agitait au commissariat de la localité varoise.

Quelles seraient les retombées ?

Miloud était devenu agent de sécurité dans ce service et grâce à lui on avait démantelé ce trafic de stupéfiants.

Mais il avait été assassiné.

Allait-on le décorer à titre posthume ?

Toutefois, il semblait jouer sur les deux tableaux.

Y aurait-il des félicitations ou une enquête de l'IGS ?

Et, bien sûr, chacun pensait à l'affaire Jean-Pierre Lopez. Était-il lié à une combine avec les gérants de bars ? Ces mêmes gérants avaient-ils une participation dans ce trafic ?

La plus grande confusion régnait dans les esprits.

La réunion dans le bureau du patron dura plus de deux heures.

Que pouvait-il s'y dire ?

Les hommes du commissariat étaient à la fois inquiets et intrigués.

Enfin, la porte s'ouvrit.

Tout le monde sortit sauf le patron de la brigade criminelle, le commissaire Luc Rochas. Il resta seul avec Fagard. Il avait désiré s'entretenir avec lui en aparté.

Les fonctionnaires, en service cet après-midi-là, observèrent les collègues qui quittaient le bureau de leur patron. Ils cherchaient à deviner sur leurs visages les conclusions de cette longue réunion. Certains affichaient leur satisfaction. D'autres, plus réservés, se montraient circonspects. Et il y eut ceux dont le pli soucieux du front en inquiéta plus d'un.

Que fallait-il en déduire ?

Sûrement l'enquête leur réservait-elle encore quelques surprises.

Chapitre 36

Fagard était maintenant seul dans son bureau avec son homologue de la criminelle.
Il y eut un silence embarrassé.
Apparemment, la Crim' n'avait pas tout révélé pendant la réunion.
Une mise au point semblait nécessaire.
Rochas s'assit face à Fagard qui l'observait, derrière son bureau, se demandant ce qu'il attendait de lui.
La brigade criminelle prévalait sur les Stups dans cette affaire, puisqu'il y avait eu meurtre. Elle dirigeait l'enquête, alors le commissaire Fagard ne voyait pas très bien ce qu'il pouvait faire pour lui être utile.
Dès les premiers mots échangés, il comprit la teneur de leur entretien.

– Denis, il faut que nous parlions de l'affaire Lopez.
– De Jean-Pierre Lopez ? Il est en prison et je ne vois pas ce qu'il a à voir avec la mort de Miloud...
– Il a tout à y voir au contraire !

Le commissaire Fagard ouvrit de grands yeux.
– Je ne comprends pas...
– Denis ! Il faut que je sache si, oui ou non, il t'avait présenté cette fille, Doria Ben Hamida ?
– Où veux-tu en venir ?
– Réponds, s'il te plaît !

Fagard était mal à l'aise. Il lui déplaisait de revenir sur cette affaire.
Il avait déjà été embêté par le fait qu'un de ses hommes avait été arrêté.
Maintenant Miloud, l'agent de sécurité, abattu.
Cela faisait beaucoup en quelques jours, pour un commissariat d'une petite localité.
Rochas soupira d'amertume.

– Je ne pourrai pas t'épargner si tu ne me dis pas toute la vérité. Cette affaire risque d'éclabousser le service et donc celui qui est à sa tête, c'est-à-dire toi !
– Mais que cherches-tu à me mettre sur le dos ?
– Joue franc jeu avec moi et j'étoufferai toute révélation qui pourrait t'impliquer. Alors, cette Doria, tu la connaissais oui ou non ?
– Effectivement ! Lopez me l'avait présentée. Elle était en situation irrégulière et il voulait qu'on l'aide à obtenir sa carte de séjour.
– Pourquoi avoir nié que tu la connaissais ?
– J'avais compris qu'il y avait quelque chose entre eux.
– Et comment en es-tu venu à le soupçonner de malversations avec les gérants de bars ?
– C'est Miloud. Il était notre indic et grâce à lui, le chiffre des arrestations a augmenté considérablement.
Il nous a toujours donné de bons tuyaux, alors quand il a dénoncé Jean-Pierre, je n'ai pas douté une seconde.

– Hum ! C'est quand même léger pour faire mettre un de tes hommes au trou.
– Mais les Stups semblaient convaincus eux aussi de sa culpabilité. Et puis l'IGS a conclu dans ce sens, alors...
– Finalement, qu'est-ce que l'IGS a trouvé contre ce Lopez ?
– Il a eu des relations avec une sans-papiers et il l'a mise enceinte. Il a fait un retrait de huit cents euros de son compte bancaire pour payer l'avortement.
– Mais il avait entrepris les démarches pour la régulariser non ?
– Eh bien... en fait, on n'a retrouvé aucune trace du dossier.
– Pourtant, il t'en avait parlé et ce serait même toi qui, selon ses dires, lui aurais conseillé d'aller voir une certaine Magali.
– C'est vrai, reconnut-il avec dépit.
– Et tu n'as pas trouvé étrange qu'un dossier disparaisse comme ça ?
– Si !... Mais essaie de comprendre, ce gars n'était pas clair, je voyais qu'il marchait avec cette fille.
– Cela n'explique pas qu'un fichier ait disparu de l'ordinateur du service des étrangers. Et qu'on lui mette sur le dos une histoire de pots-de-vin. Si tu veux mon avis, cette affaire est allée bien trop loin, et maintenant avec ce meurtre, il y a des points obscurs qu'il va falloir éclaircir.
– Mais je ne vois pas quel rapport il y a entre les deux affaires ?
– Les deux affaires sont liées aux trois mêmes hommes des Stups. Les dénommés Laporte, Girard et Kaiser.
Ceux-ci ont, selon les indications de Miloud, démantelé une filière de stupéfiants. Les mêmes encore ont enfoncé Lopez. De plus, leur signalement correspond à celui de deux hommes qui se seraient fait passer du service des étrangers de

Marseille et auraient demandé à vérifier les différentes personnes enregistrées dans l'ordinateur du bureau de Magali, justement absente au moment de leur visite.

– Ah ? Je ne savais pas.

– Il faut abandonner les charges contre Jean-Pierre Lopez. Il n'a rien à voir avec ces trafics et après enquête, aucune preuve n'a démontré qu'il était un ripou. On peut seulement lui reprocher d'avoir sauté une fille en situation irrégulière. Pas de quoi fouetter un chat ! Cela ne tiendra pas devant un tribunal. En abandonnant les poursuites, on tire un trait sur ton implication.

– Mon implication ? Comme tu y vas !

– Tu n'as pas vraiment été franc avec l'IGS ? Qu'est-ce qu'il adviendra de ta carrière si on découvre que tu connaissais Doria Ben Hamida, alors que tu prétendais le contraire ! Et s'il s'avérait que le Miloud n'était pas franc du bonnet ? On le soupçonne d'être à la tête d'un réseau de dealers dans la cité et le lieu de ravitaillement transitait par le bar « des Couleurs ».

Fagard tombait des nues.

– Je ne comprends pas. Comment en es-tu arrivé à cette conclusion ?

– Il y a eu crime ! En pleine rue. Le soir. Dans la cité et à la kalachnikov ! Lorsque les gars des Stups ont arrêté le Julien, cela a mis la puce à l'oreille à ceux de Marseille. Cela faisait des mois qu'ils surveillaient le suspect et là, sur de simples indications de Miloud, toute l'organisation a été démantelée. Ça ne pouvait pas être un hasard !

Ce Miloud en savait plus qu'il en disait. Du coup, ils ont mis sur écoute les trois membres des Stups qui avaient procédé à l'arrestation.

– Ils étaient de connivence ?

– Non ! Ils ne touchaient rien du trafic, cependant ils avaient un arrangement avec Miloud. Ce dernier pouvait continuer ses magouilles et ses approvisionnements, sans être inquiété, avec ses dealers algériens. En échange, Miloud leur donnait des tuyaux sur des commanditaires marseillais. Finalement, tous y trouvaient leur compte. L'indic avait monté un réel réseau qui lui assurait un joli revenu d'environ trente mille euros par mois, et en donnant Julien, il évitait de se voir ravir le marché par le gang marseillais. Quant aux Stups, ils n'avaient qu'à cueillir les suspects servis sur un plateau par Miloud. Seulement, le chef de la BAC le soupçonnait. Il allait découvrir ses combinaisons douteuses et l'accord amiable qu'il avait avec les trois membres des Stups. Il fallait le faire tomber. Tous les quatre ont contribué à la perte de Jean-Pierre Lopez. Voilà comment les deux affaires sont liées. Alors que décides-tu ?

– On abandonne les poursuites contre Lopez ! déclara Fagard, visiblement soulagé.

– Bien, je vois qu'on s'est compris.

– Mais qu'est-ce qu'il advient de toutes les affaires résolues grâce aux tuyaux de Miloud ?

– Tes hommes recevront des lettres de félicitations pour le travail accompli cette année. Quant à toi, le bon chiffre obtenu par ton commissariat te vaudra une belle prime.

Fagard eut un sourire de satisfaction.

Finalement, tout s'arrangeait pour le mieux. Lopez serait libéré, et pour compenser le préjudice subi, on le nommerait au grade supérieur avec une mise à la retraite anticipée.

Chapitre 37

Deux jours plus tard, les événements s'accélérèrent.
Julien avait parlé.
Lorsqu'il avait appris la mort de Miloud, il avait choisi de collaborer avec la police. En échange, il ne serait pas accusé de complicité dans le meurtre.
Il leur livra des adresses.
Les Stups de Marseille firent à six heures du matin des descentes dans trois appartements, chacun situé dans trois arrondissements différents. Ils y trouvèrent plusieurs kilos de résine de cannabis, des bonbonnes de cocaïne, des balances, plusieurs milliers d'euros en espèces ainsi qu'une cinquantaine de feuilles de buvards chacune portant une trentaine de timbres imbibés de LSD. Chaque timbre était vendu vingt euros. Le calcul était vite fait, six cents euros par feuille multipliés par cinquante, soit un total de trente mille euros.
Des fourgonnettes vinrent prendre les produits stupéfiants. Ils seraient répertoriés et mis sous scellés puis, voués à la destruction.
Les arrestations s'enchaînaient.

Avec le bail des appartements, les enquêteurs n'eurent pas de mal à remonter aux sources. Les malfrats se mirent à table et se dénoncèrent les uns les autres.

En même temps, dans la localité varoise, trois véhicules de l'IGS stoppèrent devant des domiciles différents. À chaque fois, le même rituel.

Deux hommes à la porte.

Ils sonnaient, se présentaient.

On venait leur ouvrir.

Quelques minutes plus tard, ils encadraient un homme menotté et le faisaient monter dans leur voiture.

Ce matin-là, trois membres de la brigade des Stups furent arrêtés.

Doria, placée en rétention, allait elle aussi avoir de la visite. Un équipage de police secours vint la chercher pour l'amener au centre de rétention des étrangers de Marseille.

Il n'y aurait plus d'interrogatoire.

On n'avait plus besoin d'elle.

Elle allait être expulsée de France.

Ses pleurs. Ses supplications.

Rien n'y fit.

Deux jours plus tard, on la mettait dans un avion pour l'Algérie. Il décolla à treize heures de l'aéroport de Marseille Provence.

Elle ne revit jamais Jean-Pierre.

Il ne chercha pas à savoir ce qu'elle était devenue.

Quant au commissaire Fagard, le départ de Doria lui évitait des questions bien embarrassantes. Pour mettre un terme définitif à l'affaire Lopez, il enleva Patrice des effectifs de la brigade anti-criminalité pour raison de service.

Il convoqua également René dans son bureau et lui annonça qu'il ne faisait plus partie de la BAC. Il prétexta qu'il fallait laisser la place aux jeunes.

René ne pouvait qu'accepter cette décision, même s'il savait au fond de lui-même que c'était à cause de son témoignage en faveur de Jean-Pierre qu'on l'enlevait de cette brigade.

Didier était lui aussi dans le collimateur du commissaire Fagard.

Seulement, il était parti de lui-même de la BAC.

Il n'eut donc pas à le virer.

Chapitre 38

Vingt octobre 2013, neuf heures du matin.

Déjà quinze jours d'incarcération.
Jean-Pierre n'avait pas été mis au courant des derniers rebondissements de l'enquête. La nouvelle de la mort de Miloud avait tout de même transpiré dans les murs de la prison.
À cette annonce, il n'avait pas ressenti de compassion pour la victime. Après tout, s'il s'était retrouvé derrière les barreaux, c'était bien un peu à cause de Miloud.
Soulagé ? Pas vraiment.
Il se demandait seulement qui avait pu faire le boulot.
Enfin, au moins on ne pourrait pas lui mettre le crime sur le dos !
Mais bien des choses avaient changé depuis la mort de Miloud. L'enquête avait repris et son nom avait été prononcé. Toutefois, il ignorait les derniers événements. C'est pourquoi, il fut étonné d'entendre qu'on déverrouillait sa cellule.
Ce n'était pas le jour des visites.

Ce n'était pas l'heure de la promenade.
Que lui voulait-on ?
La porte s'ouvrit.
Le directeur de la prison se présenta dans l'entrebâillement.

– Vous êtes libre !
Jean-Pierre mit quelques minutes avant de comprendre ce que ces mots signifiaient pour lui.
– Comment ? bafouilla-t-il.
– Les charges retenues contre vous sont tombées. Vous êtes lavé de toutes les accusations. Votre levée d'écrou a été signée par le juge. Vous êtes libre ! lui répéta-t-il.

Une dernière porte à déverrouiller.
La sonnerie.
Le cliquetis des clés.
Puis, l'ouverture qui se déclenche dans un bruit métallique et la liberté !
La lumière l'éblouit.
Une douce chaleur l'envahit.
Il avait oublié comme l'arrière-saison pouvait être belle. Les trottoirs étaient jonchés de feuilles aux couleurs dorées, qui variaient du jaune ocre au brun rouge.
En fait, tout lui paraissait plus beau, plus clair, en comparaison des murs gris de sa cellule.
Il était libre et il n'en revenait toujours pas.
Il y eut un bruit de portière.
Il se retourna.
Elle était là.
Elle avait toujours été là pour lui.
Elle avait tout partagé.
Marie, sa femme.

– On rentre à la maison ! lui dit-elle simplement.

Lui pardonnerait-elle un jour ?
Il avait voulu tout changer.
Aujourd'hui, il avait tout à reconstruire.
Pour elle.
Avec elle.